KB232558

기초 아랍어 단어 워크북

기초 아랍어 단어 워크북

인 쇄 일 2014년 10월 20일
발 행 일 2014년 10월 30일

저   자 박미선 편저
발 행 인 윤우상
총   괄 윤병호
책임편집 최준명
발 행 처 송산출판사
주   소 서울시 서대문구 통일로 32길 14 (홍제동)
전   화 (02) 735-6189
팩   스 (02) 737-2260
홈페이지 http://www.songsanpub.co.kr
등록일자 1976년 2월 2일. 제 9-40호

ISBN   978-89-7780-205-6 13790

이 도서의 국립중앙도서관 출판예정도서목록(CIP)은 서지정보유통지원시스템
홈페이지(http://seoji.nl.go.kr)와
국가자료공동목록시스템(http://www.nl.go.kr/kolisnet)에서 이용하실 수 있습니다.
(CIP 제어번호 : CIP2014023455)

박미선 편저

송산출판사

머리말

아랍어 왕초보 학습자들의 가장 고민스러운 부분은 바로 아랍어 단어 암기입니다. 아랍어 글자를 배우기도 힘들었지만, 그동안 공부한 아랍어 단어를 필요할 때 기억 할 수 있는 것이 무척 어렵기만 합니다. 아랍어 학습자의 어려움을 조금이나마 덜어주기 위해 혼자서도 공부할 수 있는 아랍어 단어 워크북을 출판하게 되었습니다.

이 책은 아랍어 글자를 외우고 학교나, 학원 등에서 6개월 미만 동안 공부한 경험이 있는 학습자가 단어 암기를 쉽게 하도록 구성하였습니다. 또한 수능에 나온 아랍어 단어 수준을 맞추어 수능 준비생에게도 큰 도움이 되도록 고민을 했습니다.

 아랍어 글자를 외우고 아랍어 문장을 공부했던 분 들 누구나 이 책으로 단어 실력을 쌓는 기쁨을 누리시길 바랍니다. 독자의 입장에서 즐겁게 공부할 수 있는 교재를 만들기 위해 노력해 주시는 송산 출판사 임직원분들과 물심양면으로 지원해 주시는 종로 신중성 어학원 임직원분들께 감사를 돌립니다.

책 구성 설명

기초 문법 정리를 통해 과거에 공부했던 기본 문법 개념을 상기 시키고 각 어휘 학습 chapter에서 특정 주제에 치우쳐진 공부보다 통합적인 주제를 가지고 지루하지 않게 단어 암기하고 문제를 푸는 방식으로 만들었습니다. 또한 어휘 학습 chapter가 끝나면 확인 문제를 풀고 자신이 암기 했는지 확인 할 수 있습니다. 확인문제는 3개년 기출문제를 철저히 분석하여 비슷한 형태의 문제를 만들어 앞으로 아랍어 수능 시험에 효과적으로 대응하도록 하였습니다. 마지막으로 부록을 통해 출제 빈도가 높았던 주제(시간편, 가격편, 인사편)에 대해 정리 학습을 하게 됩니다.

수능 출제 경향

시간이 지날수록 수능 출제 되는 아랍어 단어 수가 증가 하고 있습니다. 단순히 요령으로 점수를 따는 것 보다 정말 공부를 꾸준히 한 아랍어 수능 준비생에게 유리하게 성적을 취득하도록 한 출제 의도가 보입니다. 그래서 수능에 나온 단어 수준으로 맞추어 내용을 편집하였고 확인 문제로 실력을 점검합니다. 이 책을 학습 후 수능 준비생을 기출 문제를 구해서 풀어보시면 자신의 실력이 많이 향상 되었다는 것을 알게 됩니다.

편저자 박 미 선

목차

1. 기초 문법 정리

1. 기초 문법 정리

 **1 탄윈**

탄윈이란 아랍어의 비한정 상태의 단어를 표현 할 때 쓰는 문법 용어이다.
영어는 A / An 의 관사를 표시 하는데 글자 앞에 표시하지만 (㉹ A book) 탄윈은
아랍어 단어의 마지막 글자 위에 표시한다.
(여기서 비 한정명사란, 특정한 것을 지정하지 않고 일반적이거나 막연한 것을 나타
내는 명사를 말한다.)

주격	운(un)	كِتَابٌ	키타-분	어떤 책이
목적격	안(an)	كِتَابًا	키타-반	어떤 책을
소유격	인(in)	كِتَابٍ	키타-빈	어떤 책의

특정명사를 지정하는 것을 한정명사라고 한다. 정관사를 붙이거나 인칭대명사, 고유
대명사, 지시대명사 등이 있다.

 **2 정관사**

ال <발음 : 알>

The 라는 뜻을 가진 정관사는 단어 앞에 사용하여 한정이라고 한다. 정관사가 붙을
경우 태양문자와 월문자에 따라 발음의 변화가 일어난다.

주격	우(u)	الْكِتَابُ	알 키타부	그 책이
목적격	아(a)	الْكِتَابَ	알 키타바	그 책을
소유격	이(i)	الْكِتَابِ	알 키타비	그 책의

태양문자는 정관사 알이 올 경우 음운 동사가 생겨 태양문자 앞에 샷따를 표시한다.
월 문자는 그런 변화가 생기지 않는다.

3 태양 문자

정관사 뒤에 태양문자가 오면 정관사(알)발음이 변한다.
정관사 발음이 태양문자에 영향을 받아 – 앗, 알, 안 등으로 변화한다.

정관사 뒤에, 태양문자 위에 샷따를 쓴다.

ن، ل، ظ، ط، ص، ض، ش، س، ز، ر، ذ، د، ث، ت

4 월 문자

태양문자가 아닌 문자로, 정관사 발음에 변화가 없다.

ي، و، ه، م، ك، ق، ف، غ، ع، خ، ح، ج، ب، أ

<태양 문자, 월 문자 발음 비교>

태양문자 발음	태양문자	월 문자	월 문자 발음
앗쑤-꾸	السُّوقُ	الفَاثُورَةُ	알 파-투라투
앗틸미-다투	التِّلْمِيذُ	البَابُ	알 바-부
안나우무	النَّوْمُ	المَائِدَةُ	알 마-이다투
앗쌈쑤	الشَّمْسُ	الحَزمُ	알 하지무
앚지야-라투	الزِّيَارَةُ	الجَامِعَةُ	알 자-미아투
앝따-이라투	الطَّائِرَةُ	الخَامِسَةُ	알 카-미싸투

 **5 타 마르부타**

ة

여성형을 나타낸다. 단어 끝에 붙는 것이 특징이고, 트(t)로 발음한다.

발음	여성형	남성형	발음
딸-리바툰	طَالِبَةٌ	طَالِبٌ	딸-리분
따비-바툰	طَبِيبَةٌ	طَبِيبٌ	따비-분
무한디싸툰	مُهَنْدِسَةٌ	مُهَنْدِسٌ	무한디쑨

 **6 수쿤**

모음이 없는 것으로써 수쿤을 가진 자음은 받침이 되거나 "으"로 발음이 된다.

받힘	نْ	كُنْتُ	쿤투
받힘	مْ	كَمْ	캄
받힘	لْ	كُلْ	쿨
르	رْ	بُرْتُقَالٌ	부르투깔-룬
으	عْ	صَعْب	솨으분

 **7 샷따**

단어가 중복으로 쓰일 경우 샷따를 붙인다. 처음은 수쿤으로 쓰이고 뒷단어는 샷따 부호와 함께 있는 발음부호에 맞춰 발음된다. 단, 중복 단어가 수쿤이 아니라면 샷 따를 붙이지 않는다.

무다르리쑨	مُدَرِّس	مُدَرِس	무다리쑨
무함마둔	مُحَمَّد	مُحَمَد	무하마둔
다르라싸	دَرَّسَ	دَرَسَ	다라싸

 **8 맛다**

알리프 함자가 장모음을 만났을 때, 또는 알리프가 두 개 일 경우이다.

آكُلُ	أ +أكُلُ	아-칼루
آخَرَ	أ +أخَرَ	아-카라
آنِسَةً	أ +أنِسَةً	아-니싸툰

 **9 알리프마크수라**

어말에 붙는 아~ 장모음이다.
어미부분에 아~ 장모음일때 모양이 자음 야와 비슷하지만, 밑에 점 두 개가 없다.

전치사 on	على	알라-
전치사 to	إلى	일라-

 **10 짧은 알리프 마크 수라**

$$الله$$

아~ 장모음이다.
알라(신) 단어에만 붙는다.

전치사 뒤 명사는 소유격을 쓴다.

책상 위에	عَلى المَكْتَبِ
방 안에	في الغُرَفةِ
책상 옆에	بجَانِبِ المَكْتَبِ
사진 뒤에	خَلفَ الصُّورةِ
오른쪽으로	إلى اليَمِين
당신(남)과 함께	مَعَكَ

2. 어휘 학습 chapter 1

1. 직업 · 학용품 · 음식

엔지니어	مُهَنْدِسٌ	작가	كَاتِبٌ
노트	دَفْتَرٌ	잡지	مَجَلّة
총액	جَمِيعٌ	오이	خِيَارٌ
바나나	مَوْزٌ	상인	تَاجِرٌ
연필	قَلَمٌ	태양	شَمْسٌ

✚ 주제별 예상 단어 모음

직 업

학생	의사	선생님	회사직원	경찰

طَالِبٌ	طَبِيبٌ	مُدَرِّسٌ	مُوَظَّفٌ	شُرْطِيٌّ

كِتابٌ	حَقِيبَةٌ	شَبُّورَةٌ	كُرْسِيٌّ	مَكْتَبٌ

أُرْزٌ	لَحْمٌ	سَمَكٌ	سَلَطَةٌ	حَلْوَى

1. 다음 아랍어 단어의 뜻을 쓰시오.

1) خِيَارٌ   2) مَوْزٌ   3) قَلَمٌ   4) دَفْتَرٌ

5) مُهَنْدِسٌ   6) تَاجِرٌ   7) مَجَلَّة   8) كَاتِبٌ

2. 다음 한국어를 아랍어로 바꾸세요.

1) 태양   2) 연필   3) 노트   4) 총액

5) 오이   6) 바나나   7) 엔지니어   8) 잡지

3. 다음 아랍어와 한국어가 그 뜻이 같을 것을 연결하시오.

1) حَقِيبَةٌ .   . 고기

2) طَبِيبٌ .   . 디저트

3) حَلْوَى .   . 의자

4) كُرْسِيٌّ .   . 의사

5) أُرْزٌ .   . 가방

6) لَحْمٌ .   . 밥

어제	أمْس	날씨	الجَوُّ
가까운	قَرِيبٌ	~이었다	كانَ
햇빛 드는	مُشْمِسٌ	먼	بَعِيدٌ
미래	مُسْتَقْبَل	따뜻한	دَافِئٌ
~이다	تَكُونُ	원하다	تُرِيدُ
공장	مَصْنَعٌ	선생님(남)	مُدَرِّس
얼굴	وَجْهٌ	남쪽	جَنُوبٌ
무엇(동사)	مَاذا	바다	بَحْرٌ

كان

~이었다 (과거, was)

1인칭공통	2인칭여성	2인칭남성	3인칭여성	3인칭남성
كُنْتُ	كُنْتِ	كُنْتَ	كانَتْ	كانَ

서술어는 목적격 사용

1) 어제 날씨는 추웠다.

كان الجَوُّ بارِدًا أمْس.

تكون

~이다 (현재, is, be)

1인칭공통	2인칭남성	2인칭여성	3인칭여성	3인칭남성
أكون	تكون	تكونين	تكون	يكون

평소에는 생략, 미래형에 쓴다. (سَوْفَ)

1) 내일 날씨가 따뜻할 것이다.

سَوْفَ يكون الجّوُّ دَافِئًا غدًا.

ثُرِيدُ

원하다 (현재, want)

1인칭공통	2인칭남성	2인칭여성	3인칭여성	3인칭남성
أُرِيدُ	تُرِيدُ	تُرِيدِين	تُرِيدُ	يُرِيدُ

동사 뒤에 단어는 목적격 사용

1) 나는 디저트를 원한다.

أُرِيدُ الحلوَى.

2) 마르얌는 커피를 원한다.

تُرِيدُ مَرْيَمُ القهوةَ.

3) 당신(남)은 고기를 원합니까?

هَل تُرِيدُ اللحْمَا؟

날씨

춥다
바ردٌ
덥다
حارٌّ
눈이 온다
يُمْطِرُ الثَّلْجُ
햇볕이 든다
مُشْمِسٌ
따뜻하다
دَافِئٌ
비가 온다
يُمْطِرُ الْمَطَرُ
청명하다
لَطِيفٌ
شُمَالٌ
북
غَرْبٌ
서
방향
شَرْقٌ
동
جَنُوبٌ
남

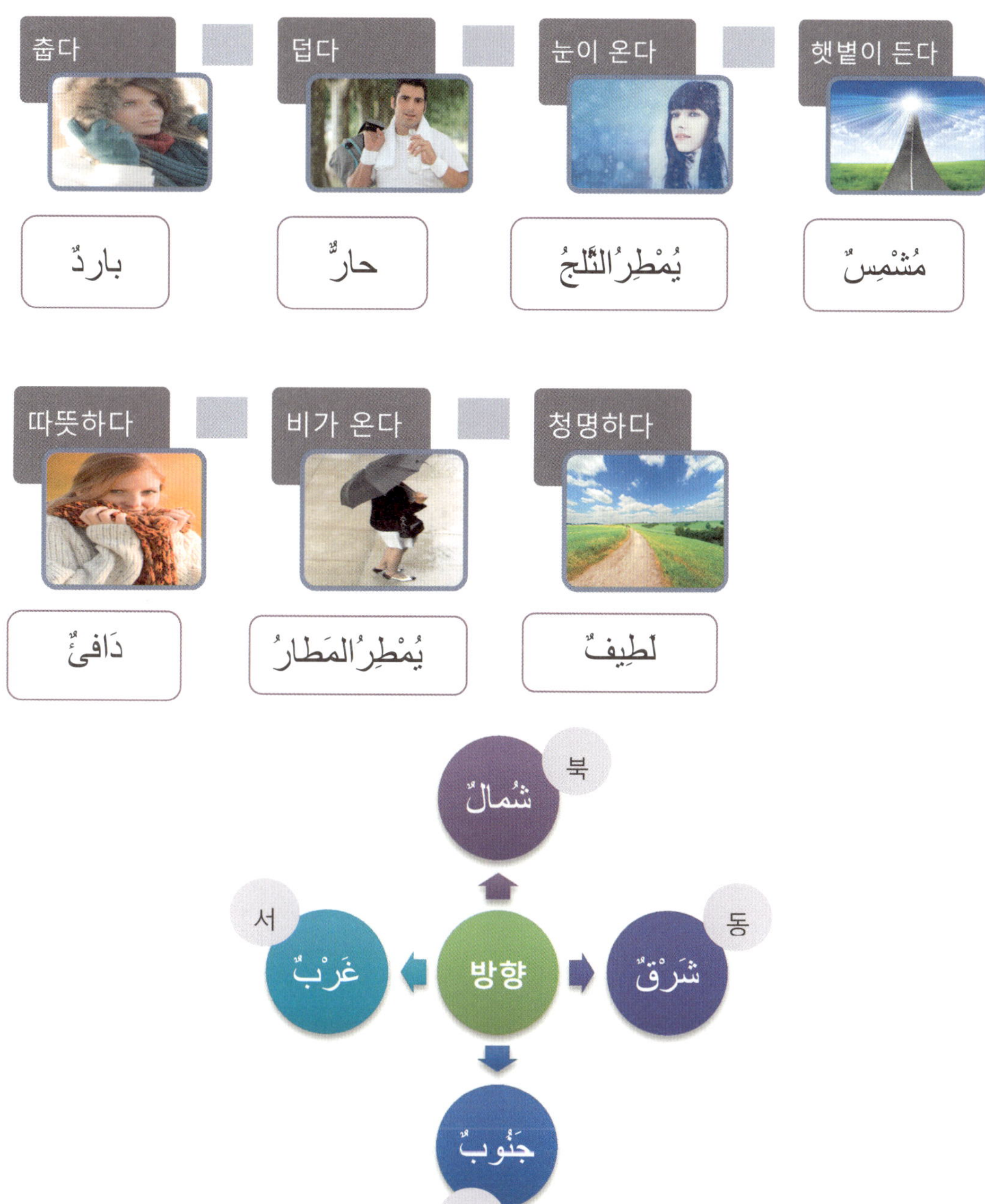

1. 다음 아랍어 단어의 뜻을 쓰시오.

1) جَنُوْبٌ   2) مَصْنَعٌ   3) بَحْرٌ   4) قَرِيبٌ

5) مُسْتَقْبَلٌ   6) مُدَرِّسٌ   7) الجَوُّ   8) أمْس

2. 다음 한국어를 아랍어로 바꾸세요.

1) 무엇(동사)   2) 따뜻한   3)햇빛이 드는   4) 어제

5) 춥다   6) 먼   7)얼굴   8) 선생님(남)

3. 다음 아랍어와 한국어가 그 뜻이 같을 것을 연결하시오.

1) غَرْبٌ .   . 동

2) مُشْمِسٌ .   . 청명하다

3) لَطِيفٌ .   . 서

4) شَرْقٌ .   . 햇볕이 든다

5) بارِدٌ .   . 눈이 온다

6) يُمْطِرُ الثَّلْجُ .   . 춥다

친구	صَدِيقٌ	낙타	جَمَلٌ
도서관	مَكْتَبَةٌ	어떤	أَيُّ
스포츠	رِيَاضَةٌ	과일	فَاكِهَة
자동차	السَّيَّارَةُ	동물	حَيَوانٌ
기차	القِطَارُ	빠른, 빠르다	سَرِيعٌ
~운동을 하다	يَلْعَبُ	비행기	الطَّائِرَةُ

메모

يَلْعَبُ

운동하다, 놀다 (현재, play)

1인칭공통	2인칭남성	2인칭여성	3인칭여성	3인칭남성
أَلْعَبُ	تَلْعَبُ	تَلْعَبِين	تَلْعَبُ	يَلْعَبُ

동사 뒤에 단어는 목적격 사용

1) 당신(남)은 내일 축구를 할 것인가요?

هَل سَوْفَ تَلْعَبُ كُرَةَ القَدَم غدًا؟

2) 아니요, 저는 내일 농구를 할 것입니다.

لا. سَوْفَ أَلْعَبُ كُرَةَ السَّلَّةِ غدًا.

주제별 예상 단어 모음

스포츠

رِيَاضَة

| 축구 | 농구 | 배구 | 야구 |

كُرَةُ القَدَم

كُرَةُ السَّلَّةِ

كُرَةُ الطَّائِرَةِ

البَيسْبُول

1. 다음 아랍어 단어의 뜻을 쓰시오.

1) السَّيَّارَةُ 2) فَاكِهَة 3) القِطَارُ 4) الطَّائِرَةُ

5) جَمَلٌ 6) صَدِيقٌ 7) مَكْتَبَةٌ 8) سَرِيعٌ

2. 다음 한국어를 아랍어로 바꾸세요.

1) 어떤(의문사) 2) 동물 3) 빠르다 4) 과일

5) 그 비행기 6) 운동을 하다 7) 그 자동차 8) 친구(남)

3. 다음 아랍어와 한국어가 그 뜻이 같을 것을 연결하시오.

1) كُرَةُ القَدَم . . 농구

2) كُرَةُ الطَّائِرَةِ . . 배구

3) حَيَوانٌ . . 내일

4) كُرَةُ السَّلَّةِ . . 축구

5) غَدًا . . 동물

질문들	الأسْئِلَةُ	시험	الإمْتِحَانُ
교수	أُسْتَاذٌ	부지런히	مُجْتَهِدَةٌ
~이 아니다	لست	어렵다	صَعْبَة
저것	ذلك	남자	الرَّجُلُ
앉다	يَجْلِسُ	~를 알다	تَعْرِف
일하다	تَعْمَلُ	의자	الكرسيّ
회사	شركة	자매	أُخْتٌ

관계대명사

남성	الذي	여성	التي

관계대명사 앞에는 명사가 와야 되며, 한정상태여야 된다.

.. الرَّجُلُ الذي ......أُخْتُهُ التي ..

لَيْسَ

~이 아니다 (명사 부정, not ~,)

1인칭공통	2인칭남성	2인칭여성	3인칭여성	3인칭남성
لَسْتُ لَسْتَ	لَسْتَ	لَسْتِ	لَيْسَتْ	لَيْسَ

서술어는 목적격 사용

1) 그 시험은 어렵지 않다.

لَيْسَ الإمْتِحَانُ صَبْعًا.

2) 이 질문들은 쉽지 않다.

لَيْسَتْ الأسْئِلَةُ سَهْلَةً.

يَعْرفُ

알다 (현재, know)

1인칭공통	2인칭남성	2인칭여성	3인칭여성	3인칭남성
أَعْرفُ	تَعْرفُ	تَعْرِفِينَ	تَعْرفُ	يَعْرفُ

동사 뒤, 관계대명사를 붙여 목적어로 씀

1) 나는 그를 안다.

أَعْرِفُهُ.

يَعْمَلُ

일하다 (현재, work)

1인칭공통	2인칭남성	2인칭여성	3인칭여성	3인칭남성
أَعْمَلُ	تَعْمَلُ	تَعْمَلِينَ	تَعْمَلُ	يَعْمَلُ

동사 뒤에 단어는 목적격 사용

1) 나는 그와 함께 회사에서 일한다.

أَعْمَلُ مَعَهُ فِي الشَّركَةِ.

1. 다음 아랍어 단어의 뜻을 쓰시오.

1) الإمتحانُ   2) الرَّجُلُ   3) أُسْتَاذٌ   4) شَركَةٌ

5) الكرسيّ   6) صَعْبَة   7) ذلكَ   8) يَجْلِسُ

2. 다음 한국어를 아랍어로 바꾸세요.

1) 자매   2) 의자   3) 저것   4) 시험

5) 질문들   6) 일하다   7) 부지런히   8) ~을 알다

들어갔다	دَخَلْتُ	옷	مَلابِسٌ
존재했다	وَجَدْتُ	가게	مَحَلٌّ
국적	جِنْسِيَّةٌ	바지	بنطلون
나이	عُمْرٌ	내가 살다	أَسْكُنُ
3	ثلاثة	일년, 년	سَنَةَ
도하	الدُّوحَةُ	카타르사람	قَطَرِيٌّ

 메모

파생 형용사 · 니스바 형용사

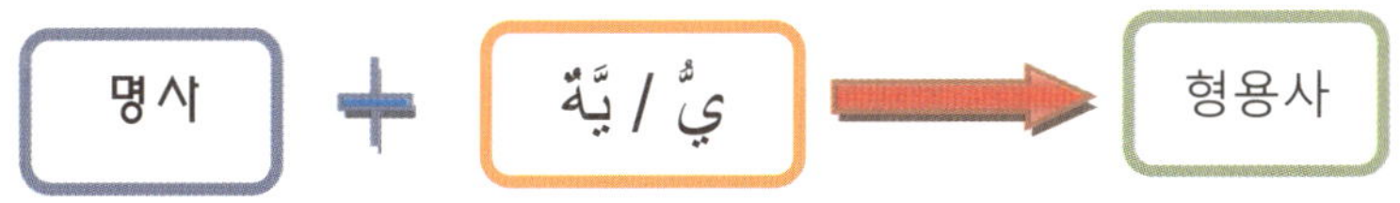

명사의 뜻	명사	형용사	형용사의 뜻
한국	كُوريا	كُورِيٌّ	한국의, 한국인(남)
카타르	قَطَرٌ	قَطَرِيٌّ	카타르의, 카타르인
대학교	جَامِعَةٌ	جَامِعِيَّةٌ	대학의
관광	سِيَاحٌ	سِيَاحِي	관광의
국내, 국가, 조국	وَطَنٌ	وَطَنِيٌّ	국내의, 국립의

1) 나는 관광 회사에서 일합니다.

أَعْمَلُ فِي الشَّرِكَةِ السِّيَاحِيَّةِ.

2) 그녀는 국립대학교의 학생입니다.

هِيَ طَالِبَةٌ في الجَامِعَةِ الوَطنِيَّة.

دَخَلَ

들어가다 (과거, enter)

1인칭공통		2인칭남성	2인칭여성	3인칭남성	3인칭여성
دَخَلْتُ	دَخَلْتُ	دَخَلْتَ	دَخَلْتِ	دَخَلَ	دَخَلْتْ

동사 뒤에 단어는 목적격 사용

1) 나는 옷 가게로 들어갔다.

دَخَلْتُ مَحَلَّ مَلَابِس.

2) 아흐마드는 박물관으로 들어갔다.

دَخَلَ أَحْمَدٌ إلى المَتْحَفِ.

أَعْجَبَ

~이 마음에 들다 (과거, be satisfied)

1인칭공통		2인칭남성	2인칭여성	3인칭남성	3인칭여성
أَعْجَبْتُ	أَعْجَبْتُ	أَعْجَبْتَ	أَعْجَبْتِ	أَعْجَبَ	أَعْجَبَتْ

이 동사는 의미상 주어가 목적어 자리에 있다. 그리고 맘에 드는 사물이 동사 뒤에 오고 주격으로 표시한다.

1) 그녀는 그 구두가 마음에 들었다.

أَعْجَبَهَا الحذاءُ.

그녀- 접미대명사	ـهَا	그 구두	الحذاءُ

2) 나는 이집트 고대 유적이 마음에 들었다.

أَعْجَبَنِي الآثَارُ القَدِيمَةِ.

나- 접미대명사	نِي	고대 유적	الآثَارُ القَدِيمَةُ

3) 그는 이 책이 마음에 들었다.

أَعْجَبَهُ هذَا الكِتَابُ.

그- 접미대명사	هُ	이 책	هذَا الكِتَابُ

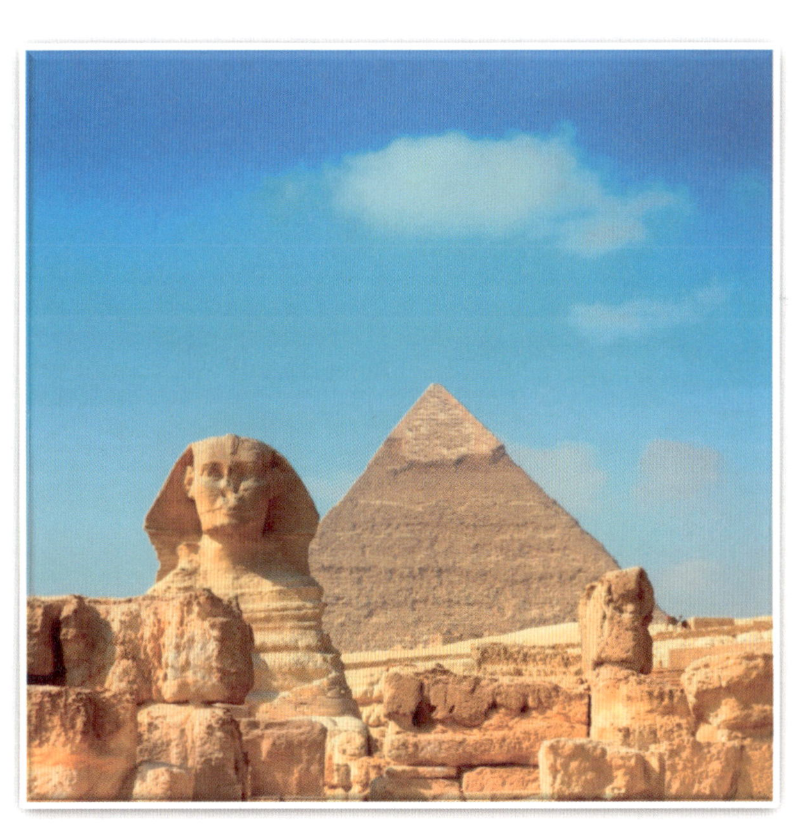

1. 다음 아랍어 단어의 뜻을 쓰시오.

1) مَلابِسُ   2) عُمْرٌ   3) سَنَةٌ   4) كُوريا

5) جِنْسِيَّةٌ   6) قطريٌّ   7) مَحَلٌّ   8) جَامِعِيَّةٌ

2. 다음 한국어를 아랍어로 바꾸세요.

1) 대학교   2) 구두   3) 나이   4) 조국

5) 이 책   6) 바지   7) 회사   8) 내가 살다

3. 다음 아랍어와 한국어가 그 뜻이 같을 것을 연결하시오.

1) سِياحِيٌّ .   . 나이

2) الآثَارُ القَدِيمَةُ .   . 고대 유적

3) وَطنيٌّ .   . 옷

4) عُمْرٌ .   . 국립의

5) مَلابِسٌ .   . 관광의

일요일	يَوْمُ الأَحَدِ	내가 읽었다	قَرَأتُ
천(1000)	الفُ	지난(과거)	المَاضِي
재미있는	مُمْتَعٌ	밤	لَيْلَةٌ
당신(남)이 가지다	عِنْدَكَ	서비스	خِدْمَةٌ
의견	رَأْيٌ	책상	مَكْتَبٌ
색깔	لَوْنٌ	흰색	أَبْيَضُ
구입하다	أَشْتَرِي	그의 이름	إِسْمُهُ

✚ 주제별 예상 단어 모음

요일	아랍어 표기
일주일 (week)	الأُسْبُوعُ
일	يَوْمُ الأَحَدِ
월	يَوْمُ الإِثْنَانِ
화	يَوْمُ الثَّلاثَاءِ
수	يَوْمُ الأَرْبِعَاءِ
목	يَوْمُ الخَمِيسِ
금	يَوْمُ الجُمْعَةِ
토	يَوْمُ السَّبْتِ

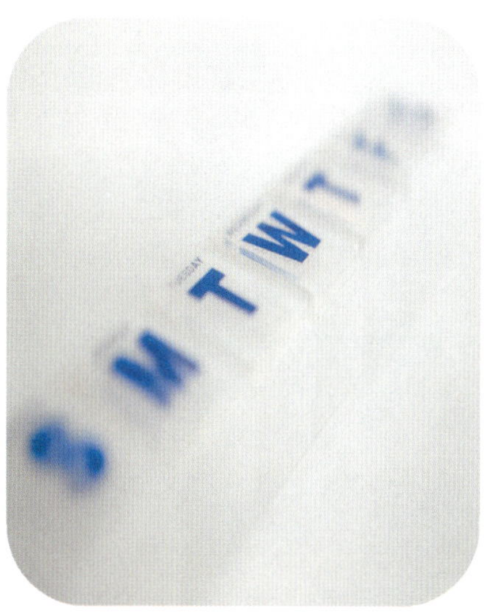

이번 주	هَذَا الأَسْبُوعُ
다음 주	الأَسْبُوعُ القَادِمُ
지난 주	الأَسْبُوعُ المَاضِيُّ

قَرَأَ

읽다 (과거, read)

1인칭공통	2인칭남성	2인칭여성	3인칭남성	3인칭여성
قَرَأْتُ	قَرَأْتَ	قَرَأْتِ	قَرَأَ	قَرَأَتْ

동사 뒤에 단어는 목적격 사용

1) 나는 그 책을 읽었다.

قَرَأْتُ الكِتَابَ.

2) 아흐마드는 한국 책을 읽었다.

قَرَأَ أَحْمَدُ كِتَابًا كُورِيًا.

3) 당신(남)은 그 아랍 책을 읽었습니까?

هَلْ قَرَأْتَ كِتَابًا عَرَبِيًا؟

 ## 주제별 예상 단어 모음

색깔			لون

أَخْضَرُ	초록색	أَسْوَدُ	검은색
أَزْرَقُ	파란색	أَبْيَضُ	흰색
أَصْفَرُ	노란색	أَحْمَرُ	붉은색

1) 노란색 연필

قَلَمٌ أَصْفَرُ

2) 검은색 책

كِتَابٌ أَسْوَدُ

3) 파란 책상

مَكْتَبٌ أَزْرَقُ

1. 다음 아랍어 단어의 뜻을 쓰시오.

1) الفُ   2) رَأْيٌ   3) خِدْمَةٌ   4) لَيْلَةٌ

5) مَكْتَبٌ   6) مُمْتَعٌ   7) لَوْنٌ   8) إِسْمُهُ

2. 다음 한국어를 아랍어로 바꾸세요.

1) 지난 주   2) 금요일   3) 일요일   4) 흰색

5) 빨간색   6) 초록색   7) 수요일   8) 연필

3. 다음 아랍어와 한국어가 그 뜻이 같을 것을 연결하시오.

1) أَزْرَقُ .   . 밤

2) يَوْمُ الخَمِيس .   . 지난 주

3) الأُسْبُوعُ المَاضِيُّ .   . 책상

4) لَيْلَةٌ .   . 파란색

5) مَكْتَبٌ .   . 목요일

전시회	مَعْرِضٌ	너(남)가 참석하다	تَحْضُرُ
시작하다	يَبْدَأ	우리가 보다	نُشَاهِدُ
생각	فِكْرَةٌ	사진	صُورَةٌ
극장	السِّينَمَا	일주일	أُسْبُوعٌ
약속	مَوْعِدٌ	내가 미안하다	آسِفٌ
내가 가지다	عِنْدِي	일	عَمَلٌ

메모

يَحْضُرُ

참석하다 (현재, attend)

1인칭공통	2인칭남성	2인칭여성	3인칭남성	3인칭여성
أَحْضُرُ	تَحْضُرُ	تَحْضُرِين	يَحْضُرُ	تَحْضُرُ

동사 뒤에 단어는 목적격 사용

1) 나는 그 강의에 참석한다.

أَحْضُرُ الْمُحَاضَرَةَ.

2) 아흐마드는 전시회에 참석한다.

يَحْضُرُ أَحْمَدٌ الْمَعْرِضَ.

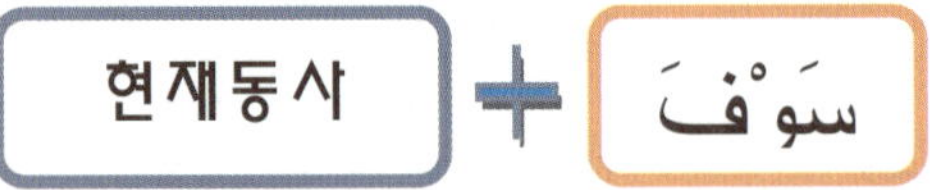

미래를 나타낼 때 동사표현

현재동사 **+** سَوْفَ

سَوْفَ نُشَاهِدُ السِّينَمَا غَدًا.

우리는 내일 영화를 볼 것이다.

سَوْفَ أَذْهَبُ مَعَهَا إِلَى الْحَدِيقَةِ فِي الْأُسْبُوعِ الْقَادِمِ.

나는 다음 주에 그녀와 함께 공원에 갈 것이다.

يُشَاهِدُ

보다 (현재, watch)

1인칭복수	1인칭공통	2인칭남성	2인칭여성	3인칭남성	3인칭여성
نُشَاهِدُ	أُشَاهِدُ	تُشَاهِدُ	تُشَاهِدِين	يُشَاهِدُ	تُشَاهِدُ

뜻: TV, 신문, 사진 등을 보다.

1) 나는 그 사진을 본다.

أُشَاهِدُ الصُّورَةَ.

2) 아흐마드는 TV를 봅니까?

هَلْ يُشَاهِدُ أَحْمَدُ التِّلْفِزيون؟

위치를 나타내는 전치사 모음

옆에   بِجَانِب

أَمَامَ   앞에

뒤에   خَلْفَ

ex

1) 나는 그 은행 앞에 있다.

أَنَا أَمَامَ البَنْكِ.

2) 그녀는 고등학교 앞에 있다.

هِيَ أَمَامَ المَدْرَسَةِ.

3) 당신은 그 건물 옆에 있습니까?

هَلْ أَنْتَ بِجَانِبِ البِنَاءِ؟

수능에 나온 기초 회화 표현

| فِكْرَةٌ جَمِيلَةٌ | 좋은 생각이다. | مَعَ الأَسِفِ | 내가 미안하다. |

1. 다음 아랍어 단어의 뜻을 쓰시오.

1) مَعْرِضٌ   2) فِكْرَةٌ   3) عَمَلٌ   4) مَوْعِدٌ

5) أُسْبُوعٌ   6) السِّينَمَا   7) الْمَدْرَسَةُ   8) الْبَنْكُ

2. 다음 한국어를 아랍어로 바꾸세요.

1) 시작하다(현재)   2) 약속   3) 그 공원   4) 내일

5) 사진   6) 전시회   7) 건물   8) 우리가 보다

3. 다음 아랍어와 한국어가 그 뜻이 같을 것을 연결하시오.

1)	خَلَفَ	~앞에
2)	فِكْرَةٌ جَمِيلَةٌ	다음 주
3)	الْأُسْبُوعُ الْقَادِم	내일
4)	أَمَامَ	~뒤에
5)	غَدًا	좋은 생각이다

취미	هِوَايَةٌ	박물관	مَتْحَفٌ
너(남)이 여행하다	تُسَافِرُ	듣다	تَسْمَعُ
지하철	مِترُو	어디(의문사)	أَيْنَ
문	البابُ	정거장	مَحَطَّةٌ
번호	رَقُمٌ	그러고 나서	ثُمَّ

메모

명령형

현재형 동사(미완료 동사)에서 중간모음에 따라 모양이 변형

	현재형 동사	명령형
밑줄 친 중간 모음 "아" 나 "이"일 경우	يَفْعَلُ	إِفْعَلْ
	يَفْعِلُ	
밑줄 친 중간 모음이 "우"일 경우	يَفْعُلُ	أُفْعُلْ
يَدْرُسُ 공부하다	أُدْرُسْ 공부해라	
يَذْهَبُ 가다	إِذْهَبْ 가라	

يَكْتُبُ	글을 쓰다	أُكْتُبْ	글을 써라
يَرْكَبُ	타다	إِرْكَبْ	타라
يَنْزِلُ	내리다	إِنْزِلْ	내려라
يَخْرَجُ	나가다	إِخْرَجْ	나가라

يُسَافِرُ

여행하다 (현재, travel)

1인칭공통	2인칭남성	2인칭여성	3인칭남성	3인칭여성
أُسَافِرُ	تُسَافِرُ	تُسَافِرِين	يُسَافِرُ	تُسَافِرُ

동사 뒤에 단어는 목적격 사용

1) 나는 쿠웨이트로 여행 간다.

أُسَافِرُ إِلَى الكويت.

2) 아흐마드는 중국으로 여행하다.

يُسَافِرُ أَحْمَدٌ إِلَى الصِّين.

🌀 수능에 나온 기초 회화 표현

لَوْسَمَحْتَ	실례합니다.
أَلَيْسَ كَذَلِكَ؟	그렇지 않습니까?
مَتَى تُسَافِرُ إِليهِ؟	언제 당신은 그곳에 여행갑니까?
كَيْفَ أَذْهَبُ إِليهِ؟	어떻게 그곳에 가나요?

1. 다음 아랍어 단어의 뜻을 쓰시오.

1) رَقُمٌ   2) الْبَابُ   3) مِترُو   4) هِوَايَة

5) إِخرَجْ   6) إِذهَبْ   7) إِنْزِلْ   8) إِركَبْ

2. 다음 한국어를 아랍어로 바꾸세요.

1) 박물관   2) 내가 여행하다   3) 언제   4) 어디서

5) 그러고 나서   6) 실례합니다   7) 공부해라   8) 내려라

음식	الطَّعَامُ	리스트	قَائِمَةٌ
커피	قَهْوَةٌ	짧은	قَصِيرٌ
목 마르다	عطشَانُ	차가운	بَارِدَةٌ
케이크	كعْك	어떤 것	شَيىءٌ
호텔	فُنْدُقٌ	예약했다	حَجَزَ
이유는	لِأَنَّ	왜(의문사)	لِمَاذا
또 다른(another)	أخَرُ	방	غُرَفَةٌ

메모

حَجَزَ

예약하다 (과거, booked)

1인칭공통	2인칭남성	2인칭여성	3인칭남성	3인칭여성
حَجَزْتُ	حَجَزْتَ	حَجَزْتِ	حَجَزَ	حَجَزْتْ

동사 뒤에 단어는 목적격 사용

1) 당신(남)은 방을 예약하셨습니까?

هَلْ حَجَزْتَ غُرَفَةً؟

2) 마르얌은 방을 예약했습니까?

هَلْ حَجَزَتْ مَرْيَمُ غُرَفَةً؟

🌀 단축법 + لَمْ

과거 부정은 단축법을 사용하는
데 단축법은 현재 동사에서 어
미부분의 발음이 수쿤이 되는
형태이다. 단 2인칭여성은
تَحْجِزِي 이가 된다.

인칭	단축법
3인칭 남성	يَحْجِزْ
3인칭 여성	تَحْجِزْ
2인칭 남성	تَحْجِزْ
2인칭 여성	تَحْجِزِي
1인칭 공통	أَحْجِزْ

1) 나는 방을 예약하지 않았습니다.

لَمْ أَحْجِزْ غُرَفَةً.

2) 마르얌은 방을 예약하지 않았습니다.

لَمْ تَحْجِزْ مَرْيَمٌ غُرَفَةً.

🌀 시제별 부정문 정리

현재시제부정	현재미완료동사 + لَا	لَا أَذْهَبُ	나는 안 간다
과거시제부정	단축법 + لَمْ	لَمْ أَذْهَبْ	나는 안 갔다
미래시제부정	접속법 + لَنْ	لَنْ أَذْهَبَ	나는 안 갈 것이다

1) 나는 그 대학교에 가지 않습니다.

لَا أَذْهَبُ إِلَى الْجَامِعَةِ.

2) 나는 그 대학교에 가지 않았습니다.

لَمْ أَذْهَبْ إِلَى الْجَامِعَةِ.

3) 나는 그 대학교에 가지 않을 것입니다.

لَنْ أَذْهَبَ إِلَى الْجَامِعَةِ.

(접속법은 미완료 동사의 어미자리 발음기호가 "아"로 끝나는 것을 말함)

| عَصِيرُ لَيْمُونٍ | (어떤)레몬 주스 |
| عَصِيرُ تُفَّاحٍ | (어떤)사과 주스 |

주격, 목적격, 소유격에 따라 1요소의 단어의 어미자리의 발음기호가 변한다.

عَصِيرُ تُفَّاحٍ	(어떤)사과 주스가	주격
عَصِيرَ تُفَّاحٍ	(어떤)사과 주스를	목적격
عَصِيرِ تُفَّاحٍ	(어떤)사과 주스의	소유격

비고 제 2요소에 정관사가 있다면 – 그전에 언급된 특정한 의미를 내포

| عَصِيرُ لَيْمُونٍ | (어떤)레몬 주스 | عَصِيرُ اللَّيْمُونِ | 그 레몬 주스 |
| عَصِيرُ تُفَّاحٍ | (어떤)사과 주스 | عَصِيرُ التُّفَّاحِ | 그 사과 주스 |

● 수능에 나온 기초 회화 표현

| لِأَنَّنِي لَمْ أَجِدْ فُنْدُقًا جَيِّدًا. | 이유는 내가 좋은 호텔을 발견 안 했다. |
| لِأَنَّنِي | 이유가 나에게 있다. | لَمْ أَجِدْ | 내가 발견 안 했다. |

1. 다음 아랍어 단어의 뜻을 쓰시오.

1) قَهْوَةٌ   2) فُنْدُقٌ   3) قَصِيرٌ   4) لِمَاذا

5) غُرَفَةٌ   6) كعْك   7) شَيىٌ   8) قَائِمَةٌ

2. 다음 아랍어와 한국어가 그 뜻이 같을 것을 연결하시오.

1) غُرَفةٌ   .   .   대학교

2) عَصيرُ لَيْمُونٍ   .   .   레몬 주스

3) الجَامِعَةُ   .   .   또 다른 것

4) شيىٌ أخَر   .   .   방

한국어	아랍어	한국어	아랍어
오른쪽	يَمِينٌ	내일	غَدًا
내 생일	عِيدُ مِيلادِي	점심	الْغَدَاءُ
괜찮습니다	عفوًا	다루다, 먹다	تَنَاوَلَ
은행	بَنْكٌ	바쁘다	مَشْغُولٌ
두통	صُدَاعٌ	백(100)	مِئَة
~하세요	تَفَضَّلْ	달러	دُرلار

주제별 예상 단어 모음

방향

위쪽	عَلَى

왼쪽	يَسَارٌ	오른쪽	يَمِينٌ

아래쪽	تَحَتَ

بِكُلِّ سُرُورٍ	서두르세요.	لا بَأْسَ	걱정 마세요.
عَفْوًا	괜찮습니다.	شُكْرًا	감사합니다.
أهلابِك	반갑습니다. (대답)	أَهْلاوسَهْلا	반갑습니다.

يُمْكِنُكَ

할 수 있다 (현재, be able to)

1인칭공통	2인칭남성	2인칭여성	3인칭여성	3인칭남성
يُمْكِنُنِي	يُمْكِنُكَ	يُمْكِنُكِ	يُمْكِنُهَا	يُمْكِنُهُ

'할 수 있다'는 뜻을 가진 동사 يمكنك 는 أن 이후에 접속법 동사가 온다.

1) 당신(남)는 지금 점심을 먹을 수 있습니까?

هَلْ يُمْكِنُكَ أَنْ تَتَنَاوَلَ الغَدَاءَ ؟

2) 그녀는 지금 점심을 먹을 수 있습니까?

هَلْ يُمْكِنُهَا أَنْ تَتَنَاوَلَ الغَدَاءَ؟

3) 당신(여)는 지금 아침을 먹을 수 있습니까?

هَلْ يُمْكِنُكِ أَنْ تَتَنَاوَلِي الفُطورَ؟

접속법은 현재 미완료 동사의 어미 끝자리 모음이 "아"로 변형된 형태이다.

يَتَنَاوَلُ 　 먹다, 다루다

인칭	현재 미완료형	접속법
3인칭 남성	يَتَنَاوَلُ	يَتَنَاوَلَ
3인칭 여성	تَتَنَاوَلُ	تَتَنَاوَلَ
2인칭 남성	تَتَنَاوَلُ	تَتَنَاوَلَ
2인칭 여성	تَتَنَاوَلِين	تَتَنَاوَلي
1인칭 공통	أَتَنَاوَلُ	أَتَنَاوَلَ

◎ 접속법 + أَنْ : 동사 + 동사 연결할 경우 사용

ex

나는 커피를 원한다.	나는 커피를 마시기를 원한다.
أُرِيدُ القَهْوَةَ.	أُرِيدُ أَنْ أَشْرَبَ القَهْوَةَ.

◎ 수능에 나온 의문사

아랍어 의문사	뜻
مَتَى	언제
أَيْنَ	어디서
كَمْ	몇 개
مَا سِعْرُ	얼마
بِكَمْ	얼마
مَاذَا	무엇(동사)

1. 다음 아랍어 단어의 뜻을 쓰시오.

1) الغَدَاءُ   2) شُكْرًا   3) صُدَاعٌ   4) مِئَة

5) يَمِينٌ   6) أهلابك   7) دُرلَار   8) بَنْكٌ

2. 다음 아랍어와 한국어가 그 뜻이 같을 것을 연결하시오.

1)   تفضّل   .   .   어디서

2)   بكَمْ   .   .   ~하세요

3)   مَاذَا   .   .   얼마

4)   أيْن   .   .   무엇

뜻	단어	뜻	단어
~전에	قَبْلَ	도착했다	وَصَلَ
아름다운	جَمِيلٌ	내가 쓴다	أَكْتُبُ
내 친구	صَدِيقِي	깨끗한	نَظِيفٌ
관광의	سِيَّاحِيَّةٌ	장소들	أَمَاكِن
섬	جَزِيرَةٌ	특별한	خَاصَّةٌ
선물(복수)	هَدَايَا	내가 떠나다	أُغَادِرُ
달(month)	شَهْرٌ	가족	عَائِلَةٌ

메모

단어 뜻	단수	복수
장소	مَكَانٌ	أَمَاكِنُ

"가족" 뜻을 가진 단어		
أَهْلٌ	عَائِلَةٌ	أُسْرَةٌ

أيْن جَزيرة "جيجو"؟	제주도가 어디에 있습니까?
قَبْلَ ثلاثة أيام	3일전에
سَلامِي لأُسْرَتِي	나의 가족에게 안부를

@ 파생 형용사

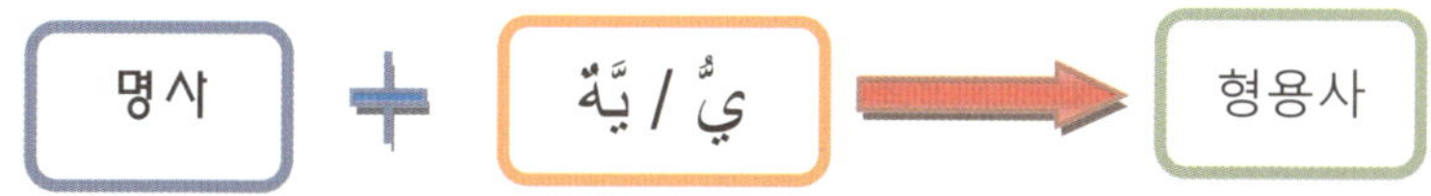

명사의 뜻	명사	형용사	형용사의 뜻
관광	سِياحٌ	سِياحِيّ	관광의
국내, 국가, 조국	وَطَنٌ	وَطَنِي	국내의, 국립의

1) 나는 관광 회사에서 일합니다.

أعْمَلُ فِي الشَّركَةِ السِّياحِيَّةِ.

2) 나는 관광 장소들을 방문했습니다.

زُرْتَ أَمَاكِنَ سِيَاحِيَّة.

يُغَادِرُ

떠나다 (현재, leave)

1인칭공통	2인칭남성	2인칭여성	3인칭여성	3인칭남성
أغَادِرُ	تُغَادِرُ	تُغَادِرِين	تُغَادِرُ	يُغَادِرُ

미래시제는 현재 미완료 동사 앞에서 سَوف 또는 ‑س 를 붙인다.

1) 나는 서울로 떠날 것이다.

سَأُغَادِرُ إِلَى سِيول.

2) 그녀는 한국으로 떠날 것이다.

سَتُغَادِرُ إِلَى كوريَا.

3) 그는 이집트로 떠날 것이다.

سَيُغَادِرُ إِلَى مِصْرَ

1. 다음 아랍어 단어의 뜻을 쓰시오.

1) نَظِيفٌ   2) جَزِيرَةٌ   3) عَائِلَةٌ   4) شَهْرٌ

5) هَدَايَةٌ   6) وَصَلَ   7) وَطَنٌ   8) قَبْلَ

2. 다음 한국어를 아랍어로 바꾸세요.

1) 아름다운   2) 회사   3) 서울   4) 한국

5) 깨끗한   6) 특별한   7) 선물   8) 도착했다

3. 다음 아랍어와 한국어가 그 뜻이 같을 것을 연결하시오.

1)	شَهْرٌ	.	.	가족
2)	سِيَّاحِيَّةٌ	.	.	아름다운
3)	أَمَاكِنٌ	.	.	달
4)	عَائِلَةٌ	.	.	장소들
5)	جَمِيلٌ	.	.	관광의

참석	حُضُورٌ	초대	دَعْوَةٌ
결혼	زَوَاجٌ	파티	حَفْلٌ
옆에	بِجَانِبِ	아들	إِبْنٌ
~이 아닌	غَيْرٌ	존재하다	مَوْجُودٌ
도착하다	تَعُودُ	언제	مَتَى
~이후에	بَعْدَ	집	بَيْتٌ
말하다	تَتَكَلَّمُ	반(1/2)	نِصْفٌ

➕ 주제별 예상 단어 모음

가족

남편		아내
زَوْجٌ		زَوْجَةٌ
아들		딸
إِبْنٌ		بِنْتٌ

ⓔ 접미 인칭 대명사

뜻	아랍어표기	
나의	يِ	이
너의(남자)	كَ	카
너의(여자)	كِ	키
그의	هُ	후
그녀의	هَا	하

뜻	아랍어 표기
나의 아들	إِبْنِي
너(남)의 아내	زَوْجَتُكَ
너(여)의 딸	بِنْتُكِ
그의 아들	اَبْنُهُ
그녀의 남편	زَوْجُهَا

ⓐ 수능 출제 동사 분석

동사 뜻	동사(과거)	동명사	동명사 뜻
돌아갔다	عَادَ	عَوْدَةٌ	귀환, 돌아옴
불렀다	دَعَا	دَعْوَةٌ	요청, 초대

아랍어 문법 용어로 "동명사"를 "마스다르" 라고 일컫는다.

دَعَا

부르다, 초대하다 (과거, call)

1인칭공통	2인칭남성	2인칭여성	3인칭남성	3인칭여성	마스다르
دَعَوْتُ	دَعَوْتَ	دَعَوْتِ	دَعَا	دَعَتْ	دَعْوَةٌ

1) 나는 그의 참석을 요청했다.

دَعَوْتُ الى مُحَاضَرَتِهِ.

2) 초대에 감사합니다.

شُكْرًا عَلَى الدَّعْوَةِ.

شُكْرًا عَلَى دَعْوَتِكُم.

⊕ 접미 대명사와 붙을 경우:

| 당신들(남)- 접미대명사 | كُم | 당신들의 초대 | دَعْوَتِكُمْ |
| 그의(남)- 접미대명사 | ـه | 그의 참석 | مُحَاضَرَتَهُ |

عَادَ

돌아오다 (과거, call)

1인칭공통	2인칭남성	2인칭여성	3인칭남성	3인칭여성	마스다르
عَدْتُ	عَدْتَ	عَدْتِ	عَادَ	عَادَتْ	عَوْدَةٌ

1) 어떤 학생이 돌아왔습니까?

أيُّ طَالِبٍ عَادَ؟

2) 아흐마드는 그 지역으로 돌아왔다.

عَادَ أَحْمَدٌ إِلَى المِنْطِقةِ.

◎ غَيْرُ + 소유격

غَيْرُ + 소유격 서술어

명사, 형용사를 부정할 때 쓰인다.

غَيْرُ 뒤에 서술어에는 반드시 소유격이 와야 한다.

هِيَ غَيْرُ مَوْجُودَةٍ فِي المَكْتَبِ.	그녀는 그 사무실에 있지 않다.
هُوَ غَيْرُ مَشْهُورٍ.	그는 유명하지 않다.
الجَوُّ غَيْرُ لَطِيفٍ اليَوْمَ.	오늘 날씨는 쾌청하지 않다.

◎ ليس +목적격

لَيْسَ + 목적격 서술어

명사, 또는 형용사를 부정할 때 쓰이는 말로 인칭에 따라 모양이 조금씩 변한다. 뒤
에 서술어는 목적격이 와야 된다. (단 주어는 주격을 쓴다)

1인칭공통	2인칭남성	2인칭여성	3인칭남성	3인칭여성
لَسْتُ	لَسْتَ	لَسْتِ	لَيْسَ	لَيْسَتْ

◎ 응용 표현

لَسْتُ الطَّالِبَا.	나는 그 대학생이 아니다.
إِبْرَهِيمٌ لَيْسَ أُسْتَاذًا.	이브라힘은 교수가 아니다.
لَيْسَتْ طَبِيبَةً.	그녀는 의사가 아니다.

1. 다음 아랍어 단어의 뜻을 쓰시오.

1) إِبْنٌ 2) بَيْتٌ 3) زَوَاجٌ 4) حَفْلٌ

5) دَعْوَةٌ 6) نِصْفٌ 7) بَعْدَ 8) مَوْجُودٌ

2. 다음 아랍어와 한국어가 그 뜻이 같을 것을 연결하시오.

1) بَعْدَ	.	. 참석
2) عَوْدَةٌ	.	. 요청, 초대
3) حُضُورٌ	.	. ~이후에
4) دَعْوَةٌ	.	. 귀환, 돌아옴
5) شُكْرًا	.	. 감사합니다

13. 신체 · 국가 · 비교급 · 최고급

상태	حَالٌ	축하	مَبْرُكٌ
아침	صَبَاحٌ	왜(의문사)	لِمَاذَا
아랍사람들	العَرَبُ	기다려라	إنْتَظِرْ
조금만	قَصِيرًا	많이	كَثِيرًا
예술	فَنٌّ	고기(복수)	لُحُومٌ
금지	حَرَامٌ	유적(복수)	آثَارٌ
시장	سُوقٌ	가장 오래된	أَقْدَمُ

✚ 주제별 예상 단어 모음

جِسْمٌ	신체

국가	بَلَدٌ	국기
한국	كُوريَا	
미국	أَمْريكا	
일본	اليَابَان	
중국	الصِّين	
프랑스	فَرَنْسَا	
독일	المَانية	
러시아	رُوسيا	
리비아	ليبيا	
이라크	العِرَاقُ	
이집트	مِصْرُ	
레바논	لُبْنَانُ	
아랍 에미레이트	الإِمَارَاتُ العَرَبِيَّةُ المُتَّحِدَةُ	
사우디아라비아	المَمْلَكَةُ العَرَبِيَّةُ السَّعُودِيَّةُ	

صَبَاحَ الخَيْر	좋은 아침
صَبَاحَ النُّور	좋은 아침 (대답)
مَسَاءَ الخَيْر	좋은 저녁
مَسَاءَ النُّور	좋은 저녁 (대답)
أَهْلا وَسَهْلاً	반갑습니다.
مَرْحَبًا	안녕하세요
الفُ مَبْركٍ	대단히 축하합니다.
مَعَ السَّلامَةِ	안녕히 가세요

목적격 사용한 부사 표현

형용사 + 목적격 = 부사

قَصِيرًا = ـًا + قَصِيرٌ　조금

كَثِيرًا = ـًا + كَثِيرٌ　많이

ⓔ 비교급 · 최고급

뜻	비교급, 최상급	형용사 남성형	형용사 뜻
더 오래된	أَقْدَمُ	قَدِيمٌ	오래된
더 큰	أَكْبَرُ	كَبِيرٌ	(크기가)큰
더 작은	أَصْغَرُ	صَغِيرٌ	(크기가)작은
더 많은	أَكْثَرُ	كَثِيرٌ	많은
더 아름다운	أَجْمَلُ	جَمِيلٌ	아름다운
더 긴	أَطْوَلُ	طَوِيلٌ	(길이가)긴
더 짧은	أَقْصَرُ	قَصِيرٌ	(길이가)짧은

1. 다음 아랍어 단어의 뜻을 쓰시오.

1) لِمَاذَا   2) سُوقٌ   3) صَبَاحٌ   4) آثَارٌ

5) أَكْبَرُ   6) قَدِيمٌ   7) أَقْدَمُ   8) مَبْرِكٌ

2. 다음 한국어를 아랍어로 바꾸세요.

1) 금지   2) 고기(복수)   3) 한국   4) 아랍사람들

5) 손   6) 더 큰   7) 더 짧은   8) 안녕히 가세요

3. 다음 아랍어와 한국어가 그 뜻이 같을 것을 연결하시오.

1) وَجْهٌ .   . 안녕하세요

2) مَسَاءَ الخَيِر .   . 반갑습니다

3) مَرْحَبًا .   . 가슴

4) أَهْلا وَسَهْلاً .   . 얼굴

5) صَدْرٌ .   . 좋은 저녁

3. 확인문제 - 수능경향 반영

1. 빈칸에 들어갈 말로 알맞은 것은?

A: كَيف كَان الجَوُّ أَمْسِ؟

B: كَانَ الجَوُّ ------.

① بَارِدٍ   ② بَارِدٌ   ③ لَطِيفٍ

④ حَارًا   ⑤ حَارٌّ

2. 대화의 내용으로 알맞은 것은?

A: أَنَا أَحْمَدُ. جِنْسِيَّتِي اللُّبْنَان. أَسْكُنُ في بَيْرُوتَ وأَنْتَ؟

B: أَنَا مُحَمَّدٌ في قطر.

① 인사   ② 소개   ③ 부탁

④ 위로   ⑤ 축하

3. 대화의 내용으로 보아 A가 갈 곳은?

A: لَوْ سَمَحْتَ، أَيْنَ مَتْحَفُ مِصْرَ؟

B: لا أَعْرِفُ.

① 학교   ② 시장   ③ 은행

④ 박물관   ⑤ 도서관

4. 대화의 내용으로 알 수 <u>없는</u> 것은?

A: قَرَأْتُ كِتَابًا عَرَبِيًّا فِي الأُسْبُوعِ الْمَاضِي.

B: مَا إِسْمُهُ؟

A: "أَلْفُ لَيْلَةٍ وَلَيْلَةٌ".

B: هَلْ هَذَا الْكِتَابُ مُمْتِعٌ؟

A: نَعَمْ.

① A는 지난 주에 책을 읽었다.　② 책은 재미있었다.
③ 책 제목은 천일야화이다.　④ A는 아랍 책을 읽었다.
⑤ B도 그 책을 읽었다

5. 대화의 장소가 이루어지는 곳은?

A: أَيُّ خِدْمَةٍ؟

B: هَلْ عِنْدَكَ مَكْتَبٌ أَسْوَدُ؟

A: نَعَمْ. مَا رَأْيُكَ فِي هَذَا؟

① 서점　　　② 공원　　　③ 극장
④ 시장　　　⑤ 집

	숫자	발음	아랍어 표기
0	صِفْرٌ	씨프룬	٠
1	وَاحِدٌ	와-히둔	١
2	إِثْنَان	이쓰나-니	٢
3	ثَلاَثَةٌ	쌀라-싸툰	٣
4	أَرْبَعَةٌ	아르바아툰	٤
5	خَمْسَةٌ	캄싸툰	٥
6	سِتَّةٌ	씻타툰	٦
7	سَبْعَةٌ	싸브아툰	٧
8	ثَمَانِيَةٌ	싸마-니야툰	٨
9	تِسْعَةٌ	티쓰아툰	٩
10	عَشَرَةٌ	아샤라툰	١٠

연습문제

✧ 다음 아랍어 숫자를 보고 읽어라.

1. ١٠ وَ ٢

2. ٩ وَ ٣

3. ٨ وَ ٤

4. ٠ وَ ٥

5. ٦ وَ ٧

4. 어휘 학습 chapter 2

4. 어휘 학습 chapter 2

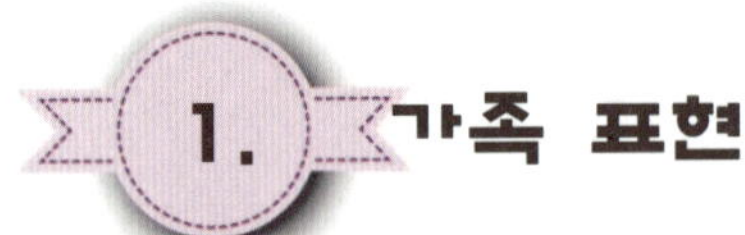

가족 표현

오늘	اَليَوْمُ	음악가	مُوسِيقَى
대추	تَمْرٌ	학생	طَالِبٌ
방	غُرْفَةٌ	쿠웨이트	الكويت
전화기	هَاتِفٌ	사진	صُورَةٌ
티켓	تَذْكِرَةٌ	작은	صَغِيرٌ
번호	رَقْمٌ	노트	دَفْتَرٌ
목이 마르다	عَطْشَانٌ	아버지	وَالِدٌ

* 출처: 2013년도 1번 ~ 4번 문제

메모

알리프 마크수라 : 어말에 붙는 아~ 장모음

مُوسِيقَى

 **가족 표현**

1. 이분께서 아흐마드의 아버지이신가요?

هَل هَذَا وَالِدُ أَحْمَدٍ؟

2. 아니요. 이분께서는 파리드의 아버지이십니다.

لا. هَذَا وَالِدُ فَرِيدٍ.

وَالِدٌ	아버지
وَالِدَةٌ	어머니
وَلِدٌ	아들
وَلِدَةٌ	딸

1. 다음 아랍어 단어의 뜻을 쓰시오.

1) صَغِيرٌ   2) صُورَةٌ   3) مُوسِيقَى   4) رَقْمٌ

5) غُرْفَةٌ   6) الكويت   7) عَطْشَانٌ   8) وَالِدَةٌ

2. 다음 한국어를 아랍어로 바꾸세요.

1) 학생   2) 사진   3) 노트   4) 방

5) 티켓   6) 아버지   7) 오늘   8) 대추

3. 다음 아랍어와 한국어가 그 뜻이 같을 것을 연결하시오.

1)   رَقْمٌ   .   .   방

2)   اليَوْمُ   .   .   딸

3)   وَلِدَةٌ   .   .   아들

4)   وَلِدٌ   .   .   오늘

5)   غُرْفَةٌ   .   .   번호

약	الدَّوَاءُ	~앞에	أَمَامَ
병원	الْمُسْتَشْفَى	집	الْمَنْزِلُ
약국	الصَّيْدَلِيَّةُ	공장	مَصْنَعٌ
가을	الْخَرِيفُ	계절	فَصْلٌ
몇 개(의문사)	كَمْ	날씨	الْجَوُّ
그 이유는	لِأَنَّ	선생님	مُدَرِّسٌ
고등학교	الْمَدْرَسَةُ	나무들	الْأَشْجَارُ

* 출처: 2013년도 5번 ~ 9번 문제

➕ 주제별 예상 단어 모음

يُحِبُّ

좋아하다 (현재, like)

1인칭공통	2인칭남성	2인칭여성	3인칭남성	3인칭여성
أَحِبُّ	تُحِبُّ	تُحِبِّينَ	يُحِبُّ	تُحِبُّ

동사 뒤에 단어는 목적격 사용

1) 나는 봄을 좋아한다.

أُحِبُّ فَصْلَ الرَّبِيعِ.

2) 당신(남)은 겨울을 좋아합니까?

هَلْ تُحِبُّ فَصْلَ الْخَرِيفِ؟

كم + (비한정 명사의 단수) 목적격

1) 그 고등학교에 여자 선생님이 몇 분이 계십니까?

كَمْ مُدَرِّسَةً في الْمَدْرَسَةِ؟

2) 그 교실에 학생이 몇 명이 있습니까?

كَمْ طَالِبًا في الْفَصْلِ؟

1. 다음 아랍어 단어의 뜻을 쓰시오.

1) المَنْزِلُ   2) مُدَرِّسٌ   3) كَمْ   4) الصَّيْدَلِيَّةُ

5) الدَّوَاءُ   6) مَصْنَعٌ   7) المُسْتَشْفَى   8) المَدْرَسَةُ

2. 다음 한국어를 아랍어로 바꾸세요.

1) 날씨   2) 집   3) 가을   4) 그 이유는

5) 고등학교   6) 공장   7) 약국   8) ~앞에

3. 다음 아랍어와 한국어가 그 뜻이 같을 것을 연결하시오.

1) الرَّبِيعُ   ·   · 병원

2) المُسْتَشْفَى   ·   · 약국

3) الصَّيْدَلِيَّةُ   ·   · 집

4) المَدْرَسَةُ   ·   · 봄

5) المَنْزِلُ   ·   · 고등학교

집	البَيْتُ	지금	الآنَ
가게	مَحَلٌّ	구두	حِذَاءٌ
큰	كَبِيرٌ	공	كُرَةٌ
피곤한	تَعْبَانُ	친구	صَدِيقٌ
영화관	السِّينَمَا	두바이	دُبَيِّ
좋다	صَحِيحٌ	커피	القَهْوَةُ
(가격이)적당하다	مَعقولٌ	당연히	طَبعًا

* 출처: 2013년도 10번 ~ 14번 문제

소유격 연구

접미 인칭 대명사가 붙은 명사의 격 변화

주격	أَخوكَ	당신(남)의 형제가
목적격	أَخاكَ	당신(남)의 형제를
소유격	أَخِيكَ	당신(남)의 형제의

아랍어	한국어
كُرَةُ أَخِيكَ	당신(남) 형제의 공
صُورَةُ أَخِيكَ	당신(남) 형제의 사진
حِذَاءُ أَخِيكَ	당신(남) 형제의 구두

1. 다음 아랍어 단어의 뜻을 쓰시오.

1) حِذَاءٌ   2) كُرَةٌ   3) صَدِيقٌ   4) كَبِيرٌ

5) مَعقولٌ   6) القَهْوَةُ   7) مَحَلٌّ   8) الآنْ

2. 다음 한국어를 아랍어로 바꾸세요.

1) 지금   2) 집   3) 피곤한   4) 친구

5) 당연히   6) 큰   7) 가게   8) 영화관

3. 다음 아랍어와 한국어가 그 뜻이 같을 것을 연결하시오.

1) أَخُوهَا .   . 그의 아버지

2) أُخْتُكَ .   . 당신(여)의 어머니

3) أُمُّكِ .   . 그녀의 형제

4) جَدِّي .   . 나의 할아버지

5) أَبُوهُ .   . 당신(남)의 누이

내리다	يَنْزِلُ	일하다	يَفْعَلُ
~와 함께	مَعَ	버스	الأُوتُوبِيس
예를 들어	مِثْلَ	만남	لِقَاءٌ
이름	إِسْمٌ	박물관	المَتْحَفُ
회사	الشَّرِكَة	기술자	مُهَنْدِسَةٌ
센터	مَرْكَزٌ	방학, 휴가	العُطْلَةُ

* 출처: 2013년도 15번 ~ 20번 문제

يَنْزِلُ

내리다 (현재, arrive)

1인칭공통	2인칭남성	2인칭여성	3인칭여성	3인칭남성
أَنْزِلُ	تَنْزِلُ	تَنْزِلِينَ	تَنْزِلُ	يَنْزِلُ

동사 뒤에 단어는 목적격 사용

1) 당신(남)은 지금 버스에서 내립니까?

هَلْ تَنْزِلُ مِنَ الأُوتُوبِيس الآنْ؟

2) 나는 버스에서 내립니다.

أَنْزِلُ مِنَ الأُوتُوبِيس.

نَزُورُ

방문하다 (현재, visit)

1인칭공통	2인칭남성	2인칭여성	3인칭여성	3인칭남성	1인칭복수
أَزُورُ	تَزُورُ	تَزُورِينَ	تَزُورُ	يَزُورُ	نَزُورُ

[미래 동사는 현재형동사 앞에 ـسـ 를 붙이면 된다.]

1) 우리들은 내일 박물관에 방문할 것이다.

سَنَزُورُ المَتْحَفَ غَدًا.

2) 마르얌은 내일 그 고등학교에 방문할 것이다.

سَتَزُورُ مَرْيَمُ المَدْرَسَةَ غَدًا.

⊚ 수능에 출제 예정 표현

كُلُّ	all		
كُلَّ يَوْمٍ	매일	كُلَّ اليَوْمِ	하루 종일
كُلُّ أَقْلامٍ	각각의 연필들	كُلُّ الأَقْلامِ	연필 전체
كُلُّ طُلّابٍ	각각의 학생들	كُلُّ الطُّلّابِ	학생 전체

1. 다음 아랍어 단어의 뜻을 쓰시오.

1) مِثْلَ   2) إِسْمٌ   3) الشَّرِكَة   4) لِقَاءٌ

5) مَرْكَزٌ   6) المَتْحَفُ   7) العُطْلَة   8) مَعَ

2. 다음 아랍어와 한국어가 그 뜻이 같을 것을 연결하시오.

1) كُرْسِيٌّ أَحْمَرُ ·   · 검은 책

2) كِتَابٌ أَسْوَدُ ·   · 파란 연필

3) حِذَاءٌ أَبْيَضُ ·   · 흰 신발

4) قَلَمٌ أزْرَقُ ·   · 노란 셔츠

5) قَمِيصٌ أصْفَرُ ·   · 빨간 의자

겨울	الشِّتَاءُ	나는 부르다	أَدْعُو
하지만	لَكِنْ	가능하지 않다	لَا يُمْكِنْ
나는 참석하다	أَحْضَرُ	나는 가지고 있다	عِنْدِي
시험	إِمْتِحَانْ	노래	أُغْنِيَةٌ
타라	إِرْكَبْ	거리	شَارِعٌ
편지	رِسَالَةٌ	정거장	المَحَطَّةُ
바닷가	شَاطِئُ البَحْرِ	신문	جَرِيدَةٌ

* 출처: 2013년도 21번 ~ 24번 문제

메모

접미 인칭대명사의 용법

동사 + 접미 인칭 대명사 ┈┈┈┈> 목적대상을 나타냄

أَدْعُوكَ

너(남)를 + 나는 부르다

أَدْعُوهَا	나는 그녀를 부르다	أَدْعُوهُ	나는 그를 부르다

명사 + 접미 인칭 대명사 ·········> 명사의 소유를 나타냄

$$\underline{كِتَابُكَ}$$

너(남)의 + 책

| كِتَابُهَا | 그녀의 책 | كِتَابُهُ | 그의 책 |

1. 다음 아랍어 단어의 뜻을 쓰시오.

1) شَارِعٌ   2) جَرِيدَةٌ   3) رِسَالَةٌ   4) لَكِنْ

5) إِمْتِحَانٌ   6) أُغْنِيَةٌ   7) الْمَحَطَّةُ   8) الشِّتَاءُ

2. 다음 한국어를 아랍어로 바꾸세요.

1) 그의 신문   2) 나의 편지   3) 나는 그녀를 부르다

4) 그녀의 편지   5) 너(여)의 신문   6) 그는 나를 부르다

3. 다음 아랍어와 한국어가 그 뜻이 같을 것을 연결하시오.

1) يَدْعُونِي	.	. 나는 너(여)를 부른다
2) تَدْعُونِي	.	. 그녀의 노래
3) أَدْعُوكِ	.	. 나의 노래
4) أُغْنِيَتَهَا	.	. 그녀는 나를 부른다
5) أُغْنِيَتِي	.	. 그는 나를 부른다

6. 월·날짜

내가 봤다	شَاهَدْتُ	어제	أَمْس
영화	فِيلمٌ	나의 가족	أُسْرَتِي
많이	كَثِيرًا	주소	عُنْوَانٌ
내가 마음에 들었다	أَعْجَبَنِي	너(남)이 마음에 들었다	أَعْجَبَكَ
다가오는	القَادِمُ	일주일	الأُسْبُوعُ
도착하다	وَصَلَ	국가	بَلَدٌ
월	شَهْرٌ	그가 떠난다	سَيُغَادِرُ

* 출처: 2013년도 25번 ~ 27번 문제

메모

❷ 시간을 나타내는 표현

어제 저녁	مَسَاءَ أَمْس	모레	بَعْدَ غَدٍ
그제	أَوَّلَ أَمْس	이번 주에	هَذَا الأُسْبُوعَ
다음 주에	الأُسْبُوعَ القَادِم	지난 주에	الأُسْبُوعَ المَاضِي
올해	هَذِه السَّنَة	작년에	السَّنَةَ المَاضِية
지난 달에	الشَّهْرَ المَاضِي	2주 후에	بَعْدَ أُسْبُوعَين

월	아랍어 표기
1월	يَنَايِر
2월	فِبْرَايِر
3월	مَارِس
4월	أَبْرِيل
5월	مَايُو
6월	يُوْنْيُو
7월	يُولْيُو
8월	أَغُسْطُس
9월	سِبْتَمْبِر
10월	أُكْتُوبِر
11월	نُوفَمْبِر
12월	دِيسَمْبِر

✓ 월요일~일요일 아랍어 표현은 본 교재 33쪽 참조.

수능 출제 예정 – 날짜 말하기

11월 13일에	فِي الثَّالِث عَشَرَ مِنْ شَهْر نُوفَمْبِر
3월 7일에	فِي السَّابِع مِنْ شَهْر مَارِس
4월 9일에	فِي التَّاسِع مِنْ شَهْر أَبْرِيل
2월 5일에	فِي الخَامِس مِنْ فِبْرَايِر
9월 6일에	فِي السَّادِس مِنْ سِبْتَمْبِر

1. 다음 아랍어 단어의 뜻을 쓰시오.

1) عُنْوَانٌ   2) وَصَلَ   3) القَادِمُ   4) أُسْرَتِي

5) غَادَرَ   6) بَعْدَ غَدٍ   7) أَعْجَبْنِي   8) شَاهَدْتِ

2. 다음 아랍어와 한국어가 그 뜻이 같을 것을 연결하시오.

1)   مَسَاءَ أَمْس   .   .   다음 주

2)   مَسَاءَ الغَدِ   .   .   지난 일요일

3)   يَوْمُ الأحَدِ المَاضِي   .   .   내일 저녁

4)   فِي الأسْبُوع القَادِم   .   .   지난 토요일 저녁

5)   مَسَاءَ السَّبْتِ المَاضِي   .   .   어제 저녁

메카	مَكَّة	사원	الْمَسْجِدُ
음식	طَعَامٌ	도시	الْمَدِينَة
유명한	مَشْهُورٌ	모로코의	مَغْرِبِيٌّ
고기	اللَّحْمُ	우리는 요리하다	نَطْبُخُ
아랍인, 아랍의	عَرَبِيٌّ	옷	مَلْبِسٌ
남자	الرَّجُلُ	일반적으로	عَادَةً
색깔(복수)	أَلْوَانٌ	머리	الرَّأْسُ

* 출처: 2013년도 28번 ~ 30번 문제

نَطْبُخُ

요리하다 (현재, cook)

1인칭복수	1인칭공통		
نَطْبُخُ	أَطْبُخُ		
2인칭남성	2인칭여성	3인칭남성	3인칭여성
تَطْبُخُ	تَطْبُخِينَ	يَطْبُخُ	تَطْبُخُ

1) 당신(남)은 어떤 음식을 요리합니까?

أَيُّ طَعَامٍ تَطْبُخُ؟

2) 마르얌은 케밥을 요리하고 나도 그것을 요리한다.

تَطْبُخُ مَرْيَمُ الْكَبَابَا وَأَطْبُخُهُ أَيْضًا.

주제별 예상 단어 모음

야채	고기	쿠스쿠스	케밥

خُضَرٌ	لَحْمٌ	الْكُسْكُسِي	الكَبَابُ

밥	주스	생선	과일	물

أُرْزٌ	عَصِيرٌ	سَمَكٌ	فَاكِهَةٌ	مَاءٌ

1. 다음 아랍어 단어의 뜻을 쓰시오.

1) المَدِينَة   2) مَلْبِسٌ   3) طَعَامٌ   4) الرَّأْسُ

5) مَشْهُورٌ   6) المَسْجِدُ   7) الرَّجُلُ   8) عَرَبِيٌّ

2. 다음 한국어를 아랍어로 바꾸세요.

1) 야채   2) 고기   3) 생선   4) 과일

5) 밥   6) 물   7) 음식   8) 주스

3. 다음 아랍어와 한국어가 그 뜻이 같을 것을 연결하시오.

1) يَطْبُخُ   .   . 우리는 요리하다

2) نَطْبُخُ   .   . 그는 요리하다

3) تَطْبُخُهُ   .   . 나는 요리하다

4) تَطْبُخُ   .   . 그녀는 요리하다

5) أَطْبُخُ   .   . 당신(남)은 그것을 요리하다

5. 확인문제 – 수능경향 반영

1. 빈칸에 들어갈 말로 알맞은 것은?

A: كَيْفَ الجَوُّ في الخَرِيفِ؟

B: الجَوُّ ------- .

① بَارِدًا   ② بَارِدٌ   ③ لَطِيفٌ
④ حَارًّا   ⑤ حَارٌّ

2. 글의 내용으로 보아 알 수 <u>없는</u> 것은?

مَرْحَبًا. إِسْمي سَعِيدٌ. أَنَا مُهَنْدِسٌ في الشَّرِكَةِ. أَنَا أَسْكُنُ في مِصْرَ. فيها تَسْكُنُ أُسْرَتي- أَبي ، أُمِّي ، أُخْتي أَيْضًا.

① 나이   ② 이름   ③ 국가
④ 직업   ⑤ 가족관계

3. 대화의 내용으로 보아 A가 갈 곳은?

A: أَيْنَ أَشْتَري الدَّوَاءَ؟

B: الصَّيْدَلِيَّةِ أَمَامَ المُسْتَشْفى.

① 병원   ② 약국   ③ 은행
④ 집   ⑤ 박물관

4. 대화의 내용으로 알 수 있는 것은?

A: هَيَّا نَذْهَبْ إِلى شَاطِئ البَحْرِ أَليَوْمَ.

B: لِمَاذَا؟

A: لِأَنَّنِي أُرِيدُ أَنْ أَسْبَحَ في البَحْرِ.

B: أَسِفٌ. عِنْدي مَوْعِدٌ أَخَر.

① B는 다른 약속이 있다.　　② B는 수영을 싫어한다.
③ A 와 B는 바닷가에 가고 싶어한다. ④ A는 수영을 싫어한다.
⑤ A는 다른 약속이 있다.

5. 다음 대화에서 B가 가야 될 장소는?

A: لَوْ سَمَحْتَ، كَيْفَ أَذْهَبُ إِلى مَكْتَبِ البَرِيدِ؟

B: إِرْكَبِ المِتْرُو وَإِنْزِلْ في مَحَطَّةِ الجَامِعَةِ.

①　기차역　　②　지하철　　③　공원
④　시장　　⑤　병원

	남성	여성	아랍어 표기
11	أَحَدَعَشَرَ	إِحْدَى عَشْرَةَ	١١
12(주격)	إِثْنَا عَشَرَ	إِثْنَتَا عَشْرَةَ	١٢
12 (소유격/목적격)	إِثْنَيْ عَشَرَ	إِثْنَتَيْ عَشْرَةَ	١٢
13	ثَلاثَةَ عَشَرَ	ثَلاثَ عَشْرَةَ	١٣
14	أَرْبَعَةَ عَشَرَ	أَرْبَعَ عَشْرَةَ	١٤
15	خَمْسَةَ عَشَرَ	خَمْسَ عَشْرَةَ	١٥
16	سِتَّةَ عَشَرَ	سِتَّ عَشْرَةَ	١٦
17	سَبْعَةَعَشَرَ	سَبْعَ عَشْرَةَ	١٧
18	ثَمَانِيَةَ عَشَرَ	ثَمَانِيَ عَشْرَةَ	١٨
19	تِسْعَةَ عَشَرَ	تِسْعَ عَشْرَةَ	١٩

✧ 다음 아랍어 숫자를 보고 읽어라.

1. ١٩٬١٧

2. ١٨٬١٦

3. ١١٬١٤

4. ١٢٬١٥

	주격	목적격과 소유격	아랍어 표기
20	عِشْرُونَ	عِشْرِينَ	٢٠
30	ثَلاثُونَ	ثَلاثِينَ	٣٠
40	أَرْبَعُونَ	أَرْبَعِينَ	٤٠
50	خَمْسُونَ	خَمْسِينَ	٥٠
60	سِتُّونَ	سِتِّينَ	٦٠
70	سَبْعُونَ	سَبْعِينَ	٧٠
80	ثَمَانُونَ	ثَمَانِينَ	٨٠
90	تِسْعُونَ	تِسْعِينَ	٩٠

연습문제

✧ 다음 아랍어 숫자를 보고 읽어라.

1. ٢٠

2. ٣٠وَ٩٠

3. ٨٠ وَ٤٠

4. ٥٠

5. ٧٠ وَ٦٠

	아랍어	아랍어 숫자 표기
100	مائَةٌ	١٠٠
200	مِئَتَانِ	٢٠٠
300	ثَلاَثُمَائَةٍ	٣٠٠
400	أَرْبَعُمَائَةٍ	٤٠٠
500	خَمْسُمَائَةٍ	٥٠٠
600	سِتَّمَائَةٍ	٦٠٠
700	سَبْعُمَائَةٍ	٧٠٠
800	ثَمَانِيمَائَةٍ	٨٠٠
900	تِسْعُمَائَةٍ	٩٠٠
1000	أَلْفٌ	١٠٠٠

✧ 다음 아랍어 숫자를 보고 읽어라.

1. ٦٠٠

2. ٣٠٠

3. ٤٠٠

4. ٥٠٠

5. ١٠٠٠

🔲 숫자 읽는 법

숫자 (21~99)는 일의 자리부터 말하고 십의 자리를 뒤에 말한다

25	٢٥	خَمْسَةٌ وعِشْرُونَ
92	٩٢	إِثْنانِ و تِسْعُونَ

숫자 (100~)는 백의 자리까지는 높은 숫자부터 말하고 일의 자리, 십의 자리 순으로 말한다.

125	١٢٥	مَائَةٌ و خَمْسَةٌ وعِشْرُونَ
592	٥٩٢	خَمْسُمَائَةٌ و إِثْنانِ و تِسْعُونَ
1252	١٢٥٢	أَلْفٌ و مِئَتَانِ و إِثْنانِ وخَمْسُونَ
1932	١٩٣٢	أَلْفٌ و تِسْعُمَائَةٍ و إِثْنانِ و ثَلاثُونَ

🔲 년도 읽는 법

(سَنَةَ가 여성 명사이므로 일의 숫자가 여성형을 쓴다)

1) 1984년

سَنَةَ أَلْفٍ و تِسْعُمَائَةٍ و أَرْبَعٍ و ثَمَانِينَ

2) 2002년

سَنَةَ أَلْفَين و إِثْنَتَين

3) 2014년

سَنَةَ أَلْفَين و أَرْبَع عَشَرَةَ

6. 어휘 학습 chapter 3

6. 어휘 학습 chapter 3

 **1.** 자연

창문	الشُّبَّاكُ	산	جَبَلٌ
가슴	صَدْرٌ	눈(신체)	عَيْنٌ
달	قَمَرٌ	단어	كَلِمَةٌ
과목	الدَّرْسُ	쉬운	سَهْلٌ
딸	بِنْتٌ	어려운	صَعْبٌ
문장	جُمْلَةٌ	넓은	وَاسِعٌ
짧은	قَصِيرٌ	새로운	حَدِيثٌ
모든	جَمِيعٌ	운동장	مَلْعَبٌ

* 출처: 2012년도 1번 ~ 4번 문제

자연

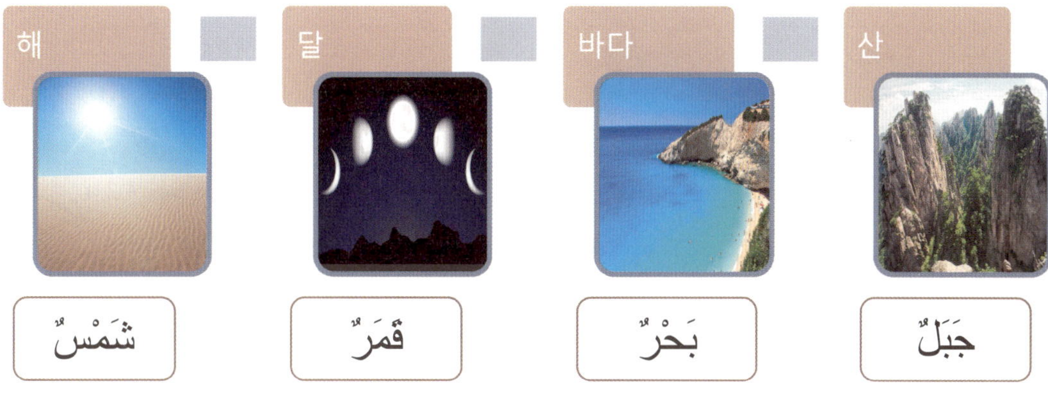

1. 다음 아랍어 단어의 뜻을 쓰시오.

1) عَيْنٌ   2) وَاسِعٌ   3) قَصِيرٌ   4) الشُّبَّاكُ

5) سَهْلٌ   6) صَدْرٌ   7) صَعْبٌ   8) مَلْعَبٌ

2. 다음 한국어를 아랍어로 바꾸세요.

1) 산   2) 강   3) 바다   4) 해

5) 달   6) 하늘   7) 땅   8) 구름

3. 다음 아랍어와 한국어가 그 뜻이 같을 것을 연결하시오.

1)   صَعْبٌ   .   .   어려운

2)   طَويلٌ   .   .   쉬운

3)   سَهْلٌ   .   .   넓은

4)   قَصِيرٌ   .   .   짧은

5)   وَاسِعٌ   .   .   긴

한국어	아랍어	한국어	아랍어
야채	خُضَرٌ	나라	بَلَدٌ
가족	أُسْرَةٌ	계절, 교실	فَصْلٌ
대학교	الْجَامِعَةُ	과일	الْفَاكِهَةُ
학과	قِسْمٌ	교수	أُسْتَاذٌ
여 선생님	مُدَرِّسَةٌ	역사	التَّارِيخُ
노트	دَفْتَرٌ	사진	صُورَةٌ
정거장	مَحَطَّةٌ	장미	وَرْدَةٌ
너(남)이 가다	تَذْهَبُ	도서관	الْمَكْتَبَةُ

* 출처: 2012년도 5번 ~ 10번 문제

➕ 주제별 예상 단어 모음

아침	صَبَاحٌ
저녁	مَسَاءٌ
밤	لَيْلَةٌ
정오	الظُّهْرُ
오전	قَبْلَ الظُّهْرِ
오후	بَعْدَ الظُّهْرِ

현재시제부정	현재미완료동사 +	لا	لا أَذْهَبُ	나는 안 간다
과거시제부정	단축법 +	لَمْ	لَمْ أَذْهَبْ	나는 안 갔다
미래시제부정	접속법 +	لَنْ	لَنْ أَذْهَبَ	나는 안 갈 것이다

1) 나는 어제 커피를 마시지 않았다.

لَمْ أَشْرَبْ القَهْوَةَ أمس.

2) 그는 과일을 먹지 않는다.

لا يَأْكُلُ الفَاكِهَة.

3) 당신(남)는 내일 그 도서관에 가지 않을 것입니까?

ألنْ تَذهَبَ الى المَكْتَبَةِ غَدًا؟

1. 다음 아랍어 단어의 뜻을 쓰시오.

1) الفَاكِهَةُ   2) المَكْتَبَةُ   3) الجَامِعَةُ   4) دَفْتَرٌ

5) التَّاريخُ   6) صُورَةٌ   7) قِسْمٌ   8) مُدَرِّسَةٌ

2. 다음 한국어를 아랍어로 바꾸세요.

1) 장미   2) 정거장   3) 야채   4) 오후

5) 오전   6) 역사   7) 과일   8) 나라

3. 다음 아랍어와 한국어가 그 뜻이 같을 것을 연결하시오.

1) لَمْ تَذْهَبي	. .	나는 안 갈 것이다
2) لَنْ يَذْهَبَ	. .	그녀는 가지 않았다
3) لَمْ تَذْهَبْ	. .	나는 안 간다
4) لا أَذْهَبُ	. .	그는 안 갈 것이다
5) لَنْ أَذْهَبَ	. .	너(여)는 가지 않았다

3. 의료

집	بَيْتٌ	직원	الْمُوَظَّفُ
자동차	سَيَّارَةٌ	새로운	جَدِيدٌ
보다(시청하다)	أُشَاهِدُ	아침에	صَبَاحًا
오늘	الْيَوْمَ	날씨, 기후	الْجَوُّ
병원	الْمُسْتَشْفَى	춥다	بَارِدٌ
앞	الْأَمَامُ	가라	إِمْشِ
감사합니다.	شُكْرًا	조금	قَلِيلًا

* 출처: 2012년도 11번 ~ 15번 문제

주제별 예상 단어 모음

의료

병원	약국	의사	간호사

مُسْتَشْفَى	صَيْدَلِيَّةٌ	طَبِيبٌ	مُمَرِّضَةٌ

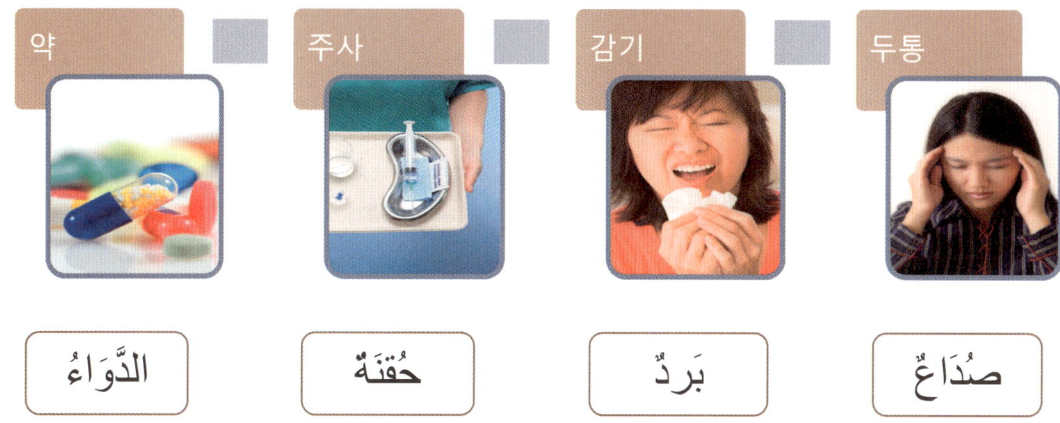

الدَّوَاءُ	حُقْنَةٌ	بَرْدٌ	صُدَاعٌ

🐚 수능에 자주 나오는 표현

لَو سَمَحْتَ	실례합니다.
مِنْ فَضْلِكَ	실례합니다. 부탁합니다.
تَفَضَّلْ	~ 하세요

1. 다음 아랍어 단어의 뜻을 쓰시오.

1) جَدِيدٌ   2) الْمُوَظَّفُ   3) قَلِيلا   4) سَيَّارَةٌ

5) شُكْرًا   6) الْمُسْتَشْفَى   7) بَيْتٌ   8) الأَمَامُ

2. 다음 한국어를 아랍어로 바꾸세요.

1) 날씨   2) 약국   3) 의사   4) 감기

6) 병원   6) 집   7) 자동차   8) 새로운

3. 다음 아랍어와 한국어가 그 뜻이 같을 것을 연결하시오.

1) صَبَاحَ الخَيرِ .   . 부탁합니다

2) مَاءٌ مِنْ فَضْلِكَ .   . ~하세요

3) تَفَضَّلْ .   . 물 주세요

4) شُكْرًا .   . 감사합니다

5) مِنْ فَضْلِكَ .   . 좋은 아침(인사)

전시회	مَعْرِضٌ	우리가 부르다	نَدْعُو
이라크	العِرَاق	학원	مَرْكَزٌ
좋습니다.	صَحِيح	수단	السُودَانُ
역시, 또한	أَيْضًا	당연히	طَبْعًا
그녀가 타다	تَرْكَبُ	할 수 있는	مُمْكِنٌ
그녀가 요리하다	تَطْبُخُ	낙타	جَمَلٌ
그녀가 쓰다	تَكْتُبُ	음식	طَمَامٌ
그녀가 씻다	تَغْسِلُ	편지	رِسَالة
구입하다	تَشْتَرِي	오렌지	بُرْتُقَالٌ

* 출처: 2013년도 16번 ~ 18번 문제

تَرْكَبُ

타다 (현재, ride)

1인칭공통	2인칭남성	2인칭여성	3인칭남성	3인칭여성
أَرْكَبُ	تَرْكَبُ	تَرْكَبِينَ	يَرْكَبُ	تَرْكَبُ

동사 뒤에 단어는 목적격 사용

1) 나는 버스를 타고 회사에 간다.

أَرْكَبُ إِلَى الشَّرِكَةِ بِالأُوتوبيس.

2) 당신(여)는 버스를 타고 대학교에 갑니까?

هَلْ تَرْكَبِينَ إِلَى الجَامِعَةِ بِالأُوتوبيس؟

تَغْسِلُ

1인칭공통	2인칭남성	2인칭여성	3인칭남성	3인칭여성
أَغْسِلُ	تَغْسِلُ	تَغْسِلِينَ	يَغْسِلُ	تَغْسِلُ

동사 뒤에 단어는 목적격 사용

4) 나는 손을 씻는다.

أَغْسِلُ يَدِي.

5) 그는 손을 씻는다.

يَغْسِلُ يَدَهُ.

6) 파티마는 접시를 씻는다.

تَغْسِلُ فَاطِمَةُ طَبَقًا.

1. 다음 아랍어 단어의 뜻을 쓰시오.

1) مَعْرِضٌ   2) جَمَلٌ   3) أَيْضًا   4) العِرَاق

5) طَمَامٌ   6) رِسَالة   7) بُرْتُقَالٌ   8) طَبْعًا

2. 다음 아랍어와 한국어가 그 뜻이 같을 것을 연결하시오.

1) هَلْ تَرْكَبِينَ جَمَلاً؟   .   .   너(여)는 편지을 씁니까?

2) هَلْ تَشْتَرِينَ حَقِيبَةً؟   .   .   너(여)는 낙타를 탑니까?

3) هَلْ تَطْبُخِينَ طَعَامًا؟   .   .   너(여)는 오렌지를 씻습니까?

4) هَلْ تَغْسِلِينَ بُرْتُقَالاً؟   .   .   너(여)는 가방을 삽니까?

5) هَلْ تَكْتُبِينَ رِسَالَةً؟   .   .   너(여)는 음식을 요리합니까?

5. 단축법

무엇(동사)	مَاذَا	목이 마른	عَطْشَانٌ
~하자	هَيَّا	너(남)이 마시다	تَشْرَبُ
(강, 바다의) 가	شَاطِئ	우리는 나간다	نَخْرُجْ
생각	فِكْرَةٌ	바다	الْبَحْرُ
서비스	خِدْمَةٌ	아름다운	جَمِيلَةٌ
생선	سَمَكٌ	오늘	الْيَوْمَ
접시	طَبَقٌ	닭	دَجَاجٌ
내일	غَدًا	너(남)이 도착했다	وَصَلْتَ

* 출처 : 2012년도 19번 ~ 23번 문제

☺ 〈미완료 직설법(현재형) 과 단축법 비교〉

인칭	미완료 직설법	단축법
3 인칭 남성	يَخْرُجُ	يَخْرُجْ
3 인칭 여성	تَخْرُجُ	تَخْرُجْ
2 인칭 남성	تَخْرُجُ	تَخْرُجْ
2 인칭 여성	تَخْرُجِينَ	تَخْرُجِي
1 인칭 공통	أَخْرُجُ	أَخْرُجْ
1 인칭 복수	نَخْرُجُ	نَخْرُجْ

✓ 단축법 - 관련 설명 45페이지 참조

@ 단축법 + هَيَّا : (~ 하자/let' s)

1) 그 교실에서 우리 나가자.

هَيَّا نَخْرُجْ مِنَ الفَصْلِ.

2) 이 집에서 우리 나가자.

هَيَّا نَخْرُجْ مِنْ هَذَا المَنْزِلِ.

3) 이 건물에서 우리 나가자.

هَيَّا نَخْرُجْ مِنْ هَذَا البِنَاءِ.

4) 이 기차역에서 우리 나가자.

هَيَّا نَخْرُجْ مِنْ هَذَا مَحَطَّةِ القِطَارِ.

وَصَلَ

도착했다 (과거, arrived)

1인칭공통	2인칭남성	2인칭여성	3인칭남성	3인칭여성
وَصَلْتُ	وَصَلْتَ	وَصَلْتِ	وَصَلَ	وَصَلَتْ

동사 뒤에 단어는 목적격 사용

1) 당신(남)은 언제 한국에 도착했습니까?

مَتَى وَصَلْتَ إِلَى كُورِيَا؟

2) 나는 지난주에 한국에 도착했습니다.

وَصَلْتُ إِلَى كُورِيَا فِي الأُسْبُوعِ المَاضِي.

3) 그 교수(남)는 언제 중국에 도착했습니까?

مَتَى وَصَلَ الأُسْتَاذُ إِلَى الصِّينِ؟

4) 그 교수는 어제 중국에 도착했습니다.

وَصَلَ الأُسْتَاذُ إِلَى الصِّينِ أَمْسِ.

5) 나는 지난 달에 일본에 도착했습니다.

وَصَلْتُ إِلَى اليَابَانِ فِي الشَّهْرِ المَاضِي.

1. 다음 아랍어 단어의 뜻을 쓰시오.

1) فِكْرَةٌ   2) خِدْمَةٌ   3) دَجَاجٌ   4) غدًا

5) جَمِيلَةٌ   6) الْبَحْرُ   7) سَمَكٌ   8) عَطْشَانٌ

카이로	القَاهِرَةُ	너(남)은 여행하다	تُسَافِرُ
금요일	يومُ الجُمْعَةِ	~로 향해서	إلَيْهَا
안녕하세요	مَرْحَبًا	내가 구입하다	أشْتَرِي
너(남)이 원하다	تُرِيدُ	내가 마음에 들다	يُعْجِبُنِي
구두	حِذَاءٌ	많은	كَثِيرٌ
검은색	أسْوَدُ	얼마입니까?	بِكَمْ
가격	السِّعْرُ	적당하다	مَعْقُولٌ

* 출처: 2012년도 24번 ~ 26번 문제

✓ 월요일~일요일 아랍어 표현은 본 교재 33쪽 참조

يُعْجِبُ

~이 마음에 들다 (현재, be satisfied)

1인칭공통	2인칭남성	2인칭여성	3인칭남성	3인칭여성
يُعْجِبُنِي	يُعْجِبُكَ	يُعْجِبُكِ	يُعْجِبُهُ	يُعْجِبُهَا

이 동사는 의미상 주어가 목적어 자리에 있다. 그리고 맘에 드는 사물이 동사 뒤에 오고 주격으로 표시한다.

1) 당신(여)는 이 흰색 구두가 마음에 듭니까?

هَلْ يُعْجِبُكِ الحِذَاءُ الأبْيَضُ؟

2) 아니요. 저는 이 흰색 구두가 마음에 들지 않습니다.

لا. لا يُعْجِبُنِي الحِذَاءُ الأبْيَضُ.

3) 저는 이 파란색 구두가 마음에 듭니다..

يُعْجِبُنِي الحِذَاءُ الأزْرَقُ.

이것이 얼마 입니까?	بِكَمْ هَذَا؟
가격이 비쌉니다.	السِّعْرُ غَالٍ.
가격이 적당합니다.	السِّعْرُ مَعْقُولٌ.
할인을 원합니다.	أُرِيدُ تَخْفِيضًا.
그렇지 않습니까?	أَلَيْسَ كَذَلِكَ؟

가격을 묻고 대답할 때, 전치사(بِ)를 앞부분에 쓴다.

1)   20 디나르 입니다.

بِعِشْرِينَ دِينَارٍ.

2)   5 달러 입니다.

بِخَمْسَةِ دُولَارَاتٍ.

1. 다음 아랍어와 한국어가 그 뜻이 같을 것을 연결하시오.

	아랍어		한국어
1)	مَاذا تُرِيدُ؟	.	. 안녕하세요
2)	مَنْ أَنْتَ؟	.	. 무엇을 원하십니까?
3)	مَرْحَبًا	.	. 가격이 적당합니다.
4)	السِّعْرُ مَعْقُولٌ	.	. 이것은 얼마 입니까?
5)	بِكَمْ هَذَا؟	.	. 당신은 누구 십니까?

내가 놀다	أَلْعَبَ	공	كُرَةٌ
축구	كُرَةُ القَدَم	발	قَدَمٌ
큰	الكَبِيرُ	나는 좋아하다	أُحِبُّ
고등학교	المَدْرَسَةُ	당신이 참석하다	تَحْضَرُ
1/2, 30분	نِصْفُ	~이후에	بَعْدَ
좋게	جَيّدًا	월, 달	الشَّهْرُ
나의 함께	مَعِي	낮	نَهَارٌ
무슬림	مُسْلِمٌ	감사합니다	شُكْرًا

* 출처: 2012년도 27번 ~ 29번 문제

현재 시제 부정

현재미완료동사 +	لا	لا أَذْهَبُ	나는 안 간다

تَأْكُلُ

먹다 (현재, eat)

1인칭공통	2인칭남성	2인칭여성	3인칭남성	3인칭여성
آكُلُ	تَأْكُلُ	تَأْكُلِينَ	يَأْكُلُ	تَأْكُلُ

동사 뒤에 단어는 목적격 사용

1) 너(남)은 아침을 먹지 않는다

لا تَأْكُلُ الفُطُورَ.

2) 너(남)는 왜 먹지 않습니까?

$$ لِمَاذَا لا تَأْكُلُ؟ $$

@ **수능에 출제 예정 표현**

$$ إِنْ شَاءَ الله $$	"인 샬 라" 알라가 원한다면 이라는 뜻으로 미래의 일이 성사되기를 바라는 표현이다. (확실한 긍정은 아니다)

1. 다음 아랍어 단어의 뜻을 쓰시오.

1) كُرَةٌ   2) قَدَمٌ   3) نِصْفُ   4) شُكْرًا

5) جَيِّدًا   6) أَلْعَبُ   7) بَعْدَ   8) نَهَارٌ

2. 다음 아랍어와 한국어가 그 뜻이 같을 것을 연결하시오.

1) نِصْفُ	.	. 나는 좋아하지 않는다
2) كُرَةُ القَدَم	.	. 나는 먹지 않는다
3) الشَّهْرُ	.	. 달, 월
4) لا تَأْكُلُ	.	. 축구
5) لا أُحِبُّ	.	. 1/2, 30분

 주어와 술어의 도치

아랍의	العَرَبِيُّ	세계	العَالَمُ
많은	كَثِيرَةٌ	유적(복수)	آثَارٌ
피라미드	الأَهْرَامُ	유명한	مَشْهُورَةٌ
페트라	البَتْرَاءُ	이집트	مِصْرُ
팔미라	تَدْمُرُ	요르단	الأُرْدُنُّ
축제	حَفْلَةٌ	시리아	سُورِيَا
화폐	نُقُودٌ	악기	آلة مُوسيقية

* 출처: 2012년도 30번 문제

◉ 주어와 술어의 도치

일반적인 문장 – 주어가 한정이면 주어가 먼저 나온다.
주어가 특정 물품, 지명, 이름일 경우 정관사가 없어도 한정이다.

교실에는 그 남학생이 있다.	الطَّالِبُ فِي الفَصْلِ.
시리아에는 팔미라가 있다.	تَدْمُرُ فِي سُورِيَا.
이집트에는 그 고대 유적이 있다.	الآثَارُ القَدِيمَةُ فِي مِصْرَ.

주어가 비 한정이고, 술어가 전치사구일 경우 주어는 술어 뒤에 온다.

교실에는 한 남학생과 한 여학생이 있다.	فِي الفَصْلِ طَالِبٌ وَطَالِبَةٌ.
아랍 세계에는 많은 유적이 있다.	فِي العَالَمِ العَرَبِيِّ آثَارٌ كَثِيرَةٌ.
박물관에는 많은 사진이 있다.	فِي المَتْحَفِ صُوَرٌ كَثِيرَةٌ.

1. 다음 아랍어 단어의 뜻을 쓰시오.

1) كَثِيرَةٌ   2) مَشْهُورَةٌ   3) سُوريَا   4) الأهْرَامُ

5) العَرَبِيٌّ   6) آثَارٌ   7) مِصْر   8) العَالمُ

2. . 다음 유적들이 있는 나라를 연결하시오. (아랍어–아랍어)

1)   البَتْرَاءُ   .   .   مِصْرُ

2)   تَدْمُرُ   .   .   الأرْدُنَّ

3)   الأهْرَامُ   .   .   سُوريَا

7. 확인문제 − 수능경향 반영

1. 빈칸에 들어갈 말로 알맞은 것은?

A: هَلْ سَتَذْهَبُ إِلَى حَدِيقَةِ الْحَيَوَانِ؟

B: لا، _____ أَذْهَبُ إِلَيْهَا.

① لَيْسَ   ② لَمْ   ③ لَنْ

④ سَيفَ   ⑤ سَتَذْهَبُ

2. 빈칸 (A), (B) 에 들어갈 말로 알맞은 것은? (a-b)

لَيْسَ ___(a)___ الطَّالِبِ ___(b)___.

① جَدِيدَةً ـ كَاتِبَةٌ   ② جَدِيدٌ ـ كِتَابٌ   ③ جَدِيدًا ـ كِتَابًا

④ جَدِيدَةً ـ كَاتِبَةٌ   ⑤ جَدِيدًا ـ كِتَابٌ

3. 대화의 내용으로 보아 B가 갈 곳은?

A: أَنَا عَطْشَانٌ. أُرِيدُ أَنْ أَشْرَبَ قَهْوَةً.

B: هَيَّا نَذْهَبُ الى مَكَانِ الْقَهْوَةِ.

① 극장   ② 교회   ③ 우체국

④ 커피숍   ⑤ 대학교

4. 대화의 내용으로 알 수 없는 것은?

A: مِنْ أَيْنَ أَنْتَ؟

B: أَنَا مِنْ كُوريَا. وَ أَنْتِ؟

A: لَسْتُ كُورِيَّةً. أَنَا مُوَظَّفٌ في الشَّركَةِ اليَابَانِيةِ.

B: هَلْ أُسْرتُكَ في اليَابَانِ؟

A: نَعَمْ.

B: كَيْفَ الجَوُّ اليَومَ فِي الصَّينِ؟

A: الجَوُّ حَارٌّ جِدًّا اليَومَ.

B: هَلْ سَتَذْهَبُ مَعي الى شاطئ البَحْرِ؟

A: حَسَنًا. هِوَيَتِي سَبَاحٌ.

① A는 한국인이 아니다
② 오늘 날씨가 덥다
③ B는 중국인이다.
④ A는 일본에 있는 회사 직원이다.
⑤ A의 취미는 수영이다.

5. 대화의 장소가 이루어지는 곳은?

A: أَيُّ خِدْمَةٍ؟

B: مِنْ فَضْلِكَ، مَاذَا عِنْدَكُمُ اليومَ؟

A: عِندَنَا سَمَكٌ مشوِيٌّ ,أَرْزٌ.

① بَنْكٌ ② مَطْعَمٌ ③ مَصْنَعٌ

④ مَطَارٌ ⑤ جَامِعَةٌ

부 록

☆ 유형별 수능 출제 분석
★ 정답 및 해설

🔴 유형별 수능 출제 분석 – ① 시간편

출제 패턴

في أيُّ سَاعَةٍ سَتَذْهَبُ إِلَى المَطَارِ؟

أَذْهَبُ إِلَيْهِ في السَّاعَةِ العَاشِرَةِ صَبَاحًا.

<해석>

몇 시에 공항에 오시겠습니까?

아침 10시에 가겠습니다.

■ 시간보기

1 시	السَّاعَةُ الوَاحِدَةُ	7 시	السَّاعَةُ السَّابِعَةُ
2 시	السَّاعَةُ الثَّانِيَةُ	8 시	السَّاعَةُ الثَّامِنَةُ
3 시	السَّاعَةُ الثَّالِثَةُ	9 시	السَّاعَةُ التَّاسِعَةُ
4 시	السَّاعَةُ الرَّابِعَةُ	10 시	السَّاعَةُ العَاشِرَةُ
5 시	السَّاعَةُ الخَامِسَةُ	11 시	السَّاعَةُ الحَادِيَةُ عَشْرَةَ
6 시	السَّاعَةُ السَّادِسَةُ	12 시	السَّاعَةُ الثَّانِيَةُ عَشْرَةَ

■ **질문**

지금 몇 시입니까?

مَتَى؟

كَمِ السَّاعَةُ؟

في أيُّ سَاعَةٍ.......؟

연습문제

1. 대화 내용을 보아 B가 시장에 가는 시각은?

A: مَتَى سَتَذْهَبُ إِلَى السُّوقِ؟

B: سَأَذْهَبُ إِلَى السُّوقِ فِي السَّاعَةِ الْخَامِسَةِ.

2. 대화 내용을 보아 B가 고등학교에 도착했던 시각은?

A: فِي أَيُّ السَّاعَةِ وَصَلْتَ إِلَى الْمَدْرَسَةِ أَمْسِ؟

B: وَصَلْتُ إِلَيْهَا فِي السَّاعَةُ الثَّامِنَةَ.

■ 분

1 분	دَقِيقَة	15 분	الرُّبْعُ
5 분	خَمْسُ دَقَائِقَ	20 분	الثُّلْثُ
10 분	عَشَرَ دَقَائِقَ	30 분	النِّصْفُ

5 시 10 분 :	السَّاعَةُ الخَامِسَةُ وَعَشَرِدَقَائِقِ
8 시 20 분 :	السَّاعَةُ الثَّامِنَةُ وَ الثُّلْثُ
1 시 30 분 :	ـ السَّاعَةُ الوَاحِدَةُ وَ النِّصْفُ

■ 예문 연습

빈칸에 답을 쓰세요.

1. 나는 아침 8시 30분에 그 고등학교에 갑니다.

> أَذْهَبُ إِلَى المَدْرَسَةِ في ＞ صَبَاحًا.

2. 너(여)는 오후 6시 15분에 집으로 돌아옵니까?

> هَلْ تَرْجِعِينَ إِلَى البِيتِ في ＞ بَعْدَ الظُّهْرِ؟

3. 너(남)은 아침 11시 10분에 그 은행에 갔습니까?

> هَلْ تَذْهَبُ إِلَى البَنْكِ في ＞ صَبَاحًا؟

4. 수미(여)는 저녁 10시 5분에 잠을 잡니까?

> هَلْ تَنَوْمُ سُومي في ＞ مَسَاءًا؟

5. 칼리드는 저녁 7시 10분에 저녁을 먹습니까?

> هَلْ تَأْكُلُ خَالِدٌ في العَشَاءَ في ＞ مَسَاءًا؟

6. 나는 아침 6시 20분에 잠에서 깨어 납니다.

> أَقُومُ مِنَ النَّومِ في＞ صَبَاحًا.

10분 전을 표현할 때 (إلا) 를 사용한다. 분 자리는 목적격을 사용한다.

10시 15분전

السَّاعَةُ العَاشِرَةُ إلا رُبْعًا

8시 20분전

السَّاعَةُ الثَّامِنَةُ إلا ثُلْثًا

1. 대화 내용을 보아 B가 사무실에 도착했던 시각은?

A: في أَيِّ السَّاعَةِ وَصَلْتَ إلى المَكْتَبِ أمْس؟

B: وَصَلْتُ إلَيْهَا في السَّاعَةُ الثَّامِنَة والنَّصْفِ .

①  ②  ③ 

④  ⑤ 

2. 대화 내용을 보아 버스가 서울에 도착할 시각은?

A: سَيَصِلُ هَذَا الأُوتوبيس أُلى سيول بَعدَ نِصفِ سَاعَةٍ.

B: حَسَنًا. السَّاعَةُ الآن الرابِعَةُ الأُ ثُلْثًا.

①  ②  ③ 

④  ⑤ 

유형별 수능 출제 분석 – ② 가격편

출제 패턴

بِكَمْ كيلو الْبُرْتُقَالِ؟

بِخَمْسَةِ دَنَانِيرِ. هَلْ يُعْجِبُكَ هَذَا؟

لا. السِّعْرُ غَالٍ جِدًّا.

<해석>

오렌지 1 킬로에 얼마 입니까?

5 디나르 입니다. 마음에 드십니까?

아니요, 가격이 매우 비쌉니다.

■ 질문

	بِكَمْ؟
이거 얼마입니까?	مَا الثَّمَنُ؟
	مَا السِّعْرُ؟

■ 대답

3 달러 입니다,	بِثَلَاثَةِ دَوَلَارَات
0.5 달러 입니다.	بِنِصْفِ دَوَلَار
1000 원 입니다.	بِأَلْفِ وُون.

1. 대화의 내용으로 알 수 <u>없는</u> 것은?

A: هَلْ عِنْدَكَ الكِتَابُ عَنْ تَارِيخِ كُورِيَا ؟

B: نَعَمْ. عِنْدِي كَثِيرٌ مِنْ الكُتُبِ عَنْ تَارِيخِ كُورِيَا.
مَا رَأْيُكَ في الكِتَابِ ؟

A: حَسَنًا. بِكَمْ هَذَا؟

B: بِعِشْرِين دَنَانِير.

① A는 한국 역사책을 원한다.　　② B는 A에게 책 가격을 알려준다.
③ A가 원하는 책의 가격은 10 디나르 이다.
④ A는 원하는 책의 가격은 20 디나르 이다.
⑤ B는 많은 수의 한국 역사책을 가지고 있다.

2. 빈칸에 들어갈 말로 알맞은 것은?

A: بِكَمْ هَذِهِ الحَقِيبَةِ؟

B: هِيَ بِثَلَاثُمِئَةِ دُولَار.

A: السِّعْرُ ______. أُرِيدُ التَّخْفِيضَ.

B: آسِفٌ. السِّعْرُ هُنَا ثَابِتٌ.

① طَيِّبٌ　　② غالٍ　　③ رَخِيصٌ
④ طَوِيلٌ　　⑤ جَمِيلٌ

🌐 유형별 수능 출제 분석 - ③ 인사편

출제 패턴

السَّلَامُ عَلَيْكُمْ.

وَعَلَيْكُمُ السَّلَامُ.

<해석>

안녕하십니까?

안녕하세요. (가장 흔히 쓰는 인사말)

출제 패턴

مَرْحَبًا.

مَرْحَبًا.

<해석>

안녕하십니까?

안녕하세요.

صَبَاحَ الخَيرِ.
صَبَاحَ النُّورِ.

<해석>

좋은 아침입니다.

좋은 아침입니다.

مَسَاءَ الخَيرِ.

مَسَاءَ النُّورِ.

<해석>

좋은 저녁입니다.

좋은 저녁입니다.

أَهْلا وَسَهْلا.
أَهْلا بِكَ.

<해석>

반갑습니다.

반갑습니다.

출제 패턴

فُرْصَةٌ سَعِيدَةٌ

فُرْصَةٌ سَعِيدَةٌ

<해석>

만나서 반갑습니다.
만나서 반갑습니다.

출제 패턴

مَعَ السَّلَامَةِ.

مَعَ السَّلَامَةِ.

<해석>

안녕히 가세요.
안녕히 가세요.

출제 패턴

إِلَى اللِّقَاءِ.

إِلَى اللِّقَاءِ.

<해석>

다음에 만나요.
다음에 만나요.

شُكْرًا

عَفْوًا.

<해석>
감사합니다.
천만에요.

1. 빈칸에 들어갈 말로 알맞은 것은?

A: أَهْلا وَسَهْلا.

B: ___________

③ صَبَاحَ النُّور. ② مَعَ السَّلامَةِ. ① إِلَى اللِّقَاءِ.

⑤ وَعَلَيْكُمُ السَّلامُ. ④ أَهْلا بِكَ.

2. 다음 인사말 중 연결된 것이 <u>틀린</u> 것은?

① قُرْصَةٌ سَعِيدَةٌ – قُرْصَةٌ سَعِيدَةٌ

② مَسَاءَ الخَيرِ – مَسَاءَ الخَيرِ

③ مَرْحَبًا. – مَرْحَبًا.

④ وَعَلَيْكُمُ السَّلامُ. – السَّلامُ عَلَيْكُمْ.

⑤ إِلَى اللِّقَاءِ. – إِلَى اللِّقَاءِ.

3. 다음 한국어를 아랍어로 바꾸세요.

1) 만나서 반갑습니다. 2) 감사합니다. 3) 천만에요.

4) 좋은 저녁입니다. 5) 좋은 아침입니다. 6) 어서 오세요.

■ 어휘 학습 chapter 1

1 확인문제

1. 다음 아랍어 단어의 뜻을 쓰시오.

1) خِيَارٌ
오이

2) مَوْزٌ
바나나

3) قَلَمٌ
연필

4) دَفْتَرٌ
노트

5) مُهَنْدِسٌ
엔지니어

6) تَاجِرٌ
상인

7) مَجَلَّة
잡지

8) كَاتِبٌ
작가

2. 다음 한국어를 아랍어로 바꾸세요.

1) 태양
شَمْسٌ

2) 연필
قَلَمٌ

3) 노트
دَفْتَرٌ

4) 총액
جَمِيعٌ

5) 오이
خِيَارٌ

6) 바나나
مَوْزٌ

7) 엔지니어
مُهَنْدِسٌ

8) 잡지
مَجَلَّة

3. 다음 아랍어와 한국어가 그 뜻이 같을 것을 연결하시오.

1) حَقِيبَةٌ — 고기

2) طَبِيبٌ — 디저트

3) حَلْوَى — 의자

4) كُرْسِيٌّ — 의사

5) أُرْزٌ — 가방

6) لَحْمٌ — 밥

2 확인문제

1. 다음 아랍어 단어의 뜻을 쓰시오.

1) جَنُوبٌ
남쪽

2) مَصْنَعٌ
공장

3) بَحْرٌ
바다

4) قَرِيبٌ
가까운

5) مُسْتَقْبَلٌ	6) مُدَرِّسٌ	7) الجَوُّ	8) أَمْس
미래	남교사	날씨	어제

2. 다음 한국어를 아랍어로 바꾸세요.

1) 무엇(동사)	2) 따뜻한	3) 햇빛이 드는	4) 어제
مَاذا	دَافِئٌ	مُشْمِسٌ	أَمْس

5) 춥다	6) 먼	7) 얼굴	8) 선생님(남)
بارِدٌ	بَعِيدٌ	وَجَةٌ	مُدَرِّسٌ

3. 다음 아랍어와 한국어가 그 뜻이 같을 것을 연결하시오.

1) غَرْبٌ	동
2) مُشْمِسٌ	청명하다
3) لَطِيفٌ	서
4) شَرْقٌ	햇볕이 든다
5) بارِدٌ	눈이 온다
6) يُمْطِرُ الثَّلجُ	춥다

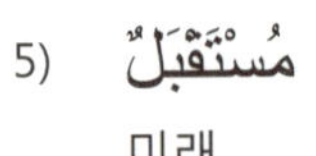

1. 다음 아랍어 단어의 뜻을 쓰시오.

1) السَّيَّارَةُ	2) فَاكِهَة	3) القِطَارُ	4) الطَّائِرةُ
자동차	과일	기차	비행기

5) جَمَلٌ	6) صَدِيقٌ	7) مَكْتَبَةٌ	8) سَرِيعٌ
낙타	친구	도서관	빠르다

2. 다음 한국어를 아랍어로 바꾸세요.

1) 어떤(의문사)	2) 동물	3) 빠르다	4) 과일
أيُّ	حَيوانٌ	سَرِيعٌ	فَاكِهَة

5) 그 비행기	6) 운동을 했다	7) 그 자동차	8) 친구(남)
الطَّائِرَةُ	لَعِبَ	السَّيَّارَةُ	صَدِيقٌ

3. 다음 아랍어와 한국어가 그 뜻이 같을 것을 연결하시오.

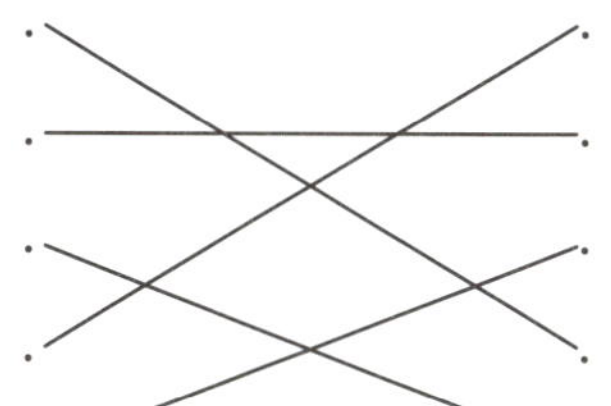

1)	كُرَةَ القَدَم		농구
2)	كُرَةَ الطَّائِرَةِ		배구
3)	حَيَوانٌ		내일
4)	كُرَةَ السَّلَّةِ		축구
5)	غَدًا		동물

4 확인문제

1. 다음 아랍어 단어의 뜻을 쓰시오.

1) الإمتحانُ	2) الرَّجُلُ	3) أُسْتَاذٌ	4) شَرِكَةٌ
시험	남자	교수	회사

5) الكرسيّ	6) صَعْبَة	7) ذلكَ	8) يَجْلِسُ
의자	어렵다	저것	앉다

2. 다음 한국어를 아랍어로 바꾸세요.

1) 자매	2) 의자	3) 저것	4) 시험
أُخْتٌ	الكرسيّ	ذلك	الإمتحانُ

5) 질문들	6) 일하다	7) 부지런히	8) ~을 알다
الأسئلةُ	تَعْمَلُ	مُجْتَهدَةٌ	تَعْرفُ

1. 다음 아랍어 단어의 뜻을 쓰시오.

1) مَلابِسٌ
옷

2) عُمْرٌ
나이

3) سَنَةٌ
일년, 년

4) كُوريا
한국

5) جِنْسِيَّةٌ
국적

6) قطريٌّ
카타르사람

7) مَحَلٌّ
가게

8) جَامِعِيَّةٌ
대학의

2. 다음 한국어를 아랍어로 바꾸세요.

1) 대학교
جَامِعَةٌ

2) 구두
الحذاءُ

3) 나이
عُمْرٌ

4) 조국
وَطَنٌ

5) 이 책
هذا الكِتَابُ

6) 바지
بَنْطلونٌ

7) 회사
الشَّرِكَةِ

8) 내가 살다
أَسْكُنُ

3. 다음 아랍어와 한국어가 그 뜻이 같을 것을 연결하시오.

1) سِياحِيٌّ   나이
2) الآثَارُ القَدِيمَةُ   고대 유적
3) وَطنيٌّ   옷
4) عُمْرٌ   국립의
5) مَلابِسٌ   관광의

1. 다음 아랍어 단어의 뜻을 쓰시오.

1) الفٌ
천

2) رَأيٌ
의견

3) خِدْمَةٌ
서비스

4) لَيْلَةٌ
밤

5) مَكْتَبٌ	6) مُمْتَعٌ	7) لَوْنٌ	8) إِسْمُهُ
책상	재미있는	색깔	그의 이름

2. 다음 한국어를 아랍어로 바꾸세요.

1) 지난 주	2) 금요일	3) 일요일	4) 흰색
الأُسْبُوعُ المَاضِيُّ	يَوْمُ الجُمْعَةِ	يَوْمُ الأَحَدِ	أَبْيَضُ

5) 빨간색	6) 초록색	7) 수요일	8) 연필
أَحْمَرُ	أَخْضَرُ	يَوْمُ الأَرْبِعَاءِ	قَلَمٌ

3. 다음 아랍어와 한국어가 그 뜻이 같을 것을 연결하시오.

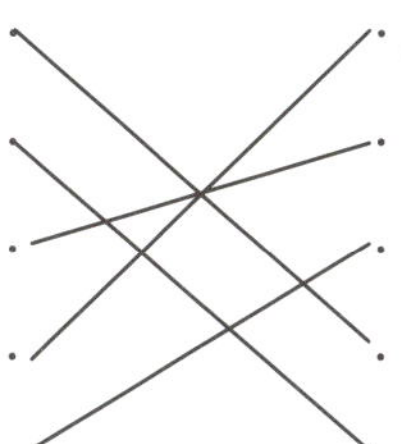

1) أَزْرَقُ		밤
2) يَوْمُ الخَمِيس		지난 주
3) الأُسْبُوعُ المَاضِيُّ		책상
4) لَيْلَةٌ		파란색
5) مَكْتَبٌ		목요일

7 확인문제

1. 다음 아랍어 단어의 뜻을 쓰시오.

1) مَعْرِضٌ	2) فِكْرَةٌ	3) عَمَلٌ	4) مَوْعِدٌ
전시회	생각	일	약속

5) أُسْبُوعٌ	6) السِّينَمَا	7) المَدْرَسَةُ	8) البَنْكُ
일주일	영화관	고등학교	은행

2. 다음 한국어를 아랍어로 바꾸세요.

1) 시작하다(현재)	2) 약속	3) 그 공원	4) 내일
يَبْدَأُ	مَوْعِدٌ	الحَدِيقَةُ	غَدًا

5) 사진	6) 전시회	7) 건물	8) 우리가 보다
صُورَةٌ	مَعْرِضٌ	البِنَاءُ	نُشَاهِدُ

3. 다음 아랍어와 한국어가 그 뜻이 같을 것을 연결하시오.

1)	خَلْفَ	~앞에
2)	فِكْرَةٌ جَمِيلَة	다음 주
3)	الأُسْبُوُعُ القَادِم	내일
4)	أَمَامَ	~뒤에
5)	غَدًا	좋은 생각이다

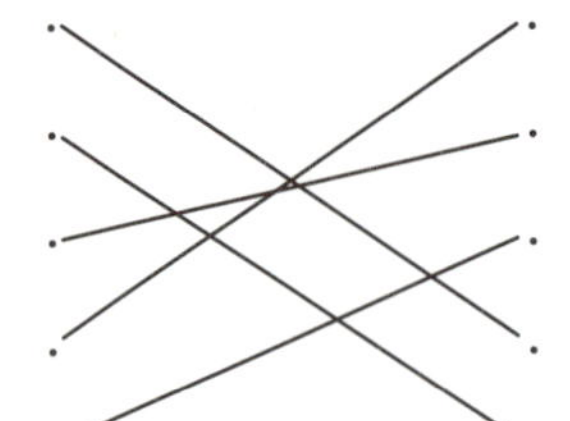

 8 확인문제

1. 다음 아랍어 단어의 뜻을 쓰시오.

1) رَقْمٌ	2) البَابُ	3) مِترُو	4) هِوَايَة
연필	문	지하철	취미

5) إخرَجْ	6) إذهَبْ	7) إنْزِلْ	8) إرْكَبْ
나가라	가라	내려라	타라

2. 다음 한국어를 아랍어로 바꾸세요.

1) 박물관	2) 내가 여행하다	3) 언제	4) 어디서
مَتْحَفٌ	أُسافِرُ	مَتَى	أَيْنَ

5) 그러고 나서	6) 실례합니다	7) 공부해라	8) 내려라
ثُمَّ	لَوْسَمَحْتَ	أُدْرُسْ	إنْزِلْ

 9 확인문제

1. 다음 아랍어 단어의 뜻을 쓰시오.

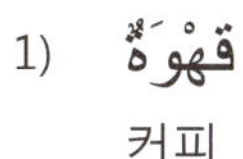

1) قَهْوَةٌ	2) فُنْدُقٌ	3) قَصِيرٌ	4) لِمَاذا
커피	호텔	짧은	왜
5) غُرْفَةٌ	6) كعْك	7) شيىْءٌ	8) قائِمَةٌ
방	케이크	어떤 것	리스트

2. 다음 아랍어와 한국어가 그 뜻이 같을 것을 연결하시오.

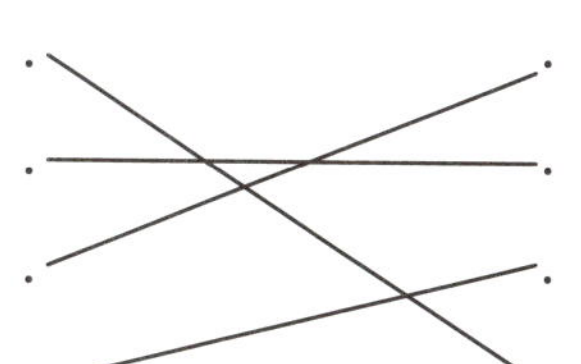

1)	غُرَفَة	대학교
2)	عَصِيرُ لَيْمُونٍ	레몬 주스
3)	الجَامِعَة	또 다른 것
4)	شيىْءٌ أَخَر	방

10 확인문제

1. 다음 아랍어 단어의 뜻을 쓰시오.

1) الغداءُ	2) شُكرًا	3) صُداعٌ	4) مِئَةٌ
점심	감사합니다	가슴	백
5) يَمِينٌ	6) أهلابِك	7) دُرلار	8) بَنْكٌ
오른쪽	반갑습니다(대답)	달러	은행

2. 다음 아랍어와 한국어가 그 뜻이 같을 것을 연결하시오.

1)	تفضّل	어디서
2)	بِكَمْ	~하세요
3)	مَاذا	얼마
4)	أَيْن	무엇

1. 다음 아랍어 단어의 뜻을 쓰시오.

1) نَظِيفٌ	2) جَزِيرَةٌ	3) عَائِلَةٌ	4) شَهْرٌ
깨끗한	섬	가족	월

5) هَدَايَة	6) وَصَلَ	7) وَطَنٌ	8) قَبْلَ
선물	도착했다	국가	~전에

2. 다음 한국어를 아랍어로 바꾸세요.

1) 아름다운	2) 회사	3) 서울	4) 한국
جَمِيلٌ	الشَّرِكَةُ	سِيُول	كُورِيَا

5) 깨끗한	6) 특별한	7) 선물	8) 도착했다
نَظِيفٌ	خَاصَّةٌ	هَدَايَة	وَصَلَ

3. 다음 아랍어와 한국어가 그 뜻이 같을 것을 연결하시오.

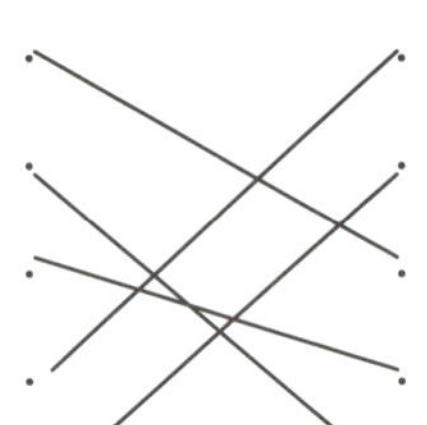

1) شَهْرٌ	가족
2) سِيَاحِيَّة	아름다운
3) أَمَاكِنٌ	달
4) عَائِلَةٌ	장소들
5) جَمِيلٌ	관광의

1. 다음 아랍어 단어의 뜻을 쓰시오.

1) إِبْنٌ	2) بَيْتٌ	3) زَوَاجٌ	4) حَفْلٌ
아들	집	결혼	파티

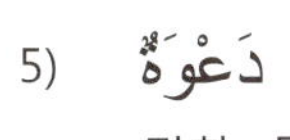

5) دَعْوَةٌ	6) نِصْفٌ	7) بَعْدَ	8) مَوجودٌ
귀환, 돌아옴	반(1/2)	~이후에	존재하다

2. 다음 아랍어와 한국어가 그 뜻이 같을 것을 연결하시오.

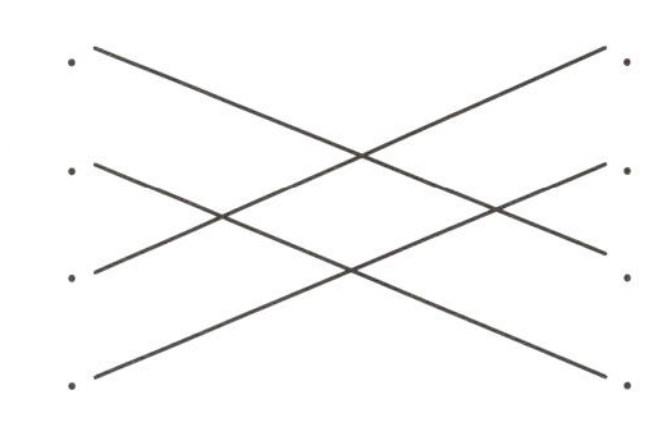

1)	بَعْدَ		참석
2)	عَودَةٌ		요청, 초대
3)	حُضُورٌ		~이후에
4)	دَعْوَةٌ		귀환, 돌아옴
5)	شُكْرًا		감사합니다

13 확인문제

1. 다음 아랍어 단어의 뜻을 쓰시오.

1) لِمَاذا	2) سُوقٌ	3) صَبَاحٌ	4) آثَارٌ
왜	시장	아침	유적(복수)

5) أَكْبَرُ	6) قَدِيمٌ	7) أَقْدَمُ	8) مَبْرك
가장 큰	오래된	가장 오래된	축하

2. 다음 한국어를 아랍어로 바꾸세요.

1) 금지	2) 고기(복수)	3) 한국	4) 아랍사람들
حَرَامٌ	لُحُومٌ	كُوريَا	العَرَبُ

5) 손	6) 더 큰	7) 더 짧은	8) 안녕히 가세요
يَدٌ	أَكْبَرُ	أَقْصَرُ	مَعَ السَّلامَةِ

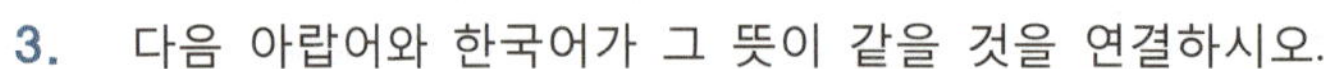

3. 다음 아랍어와 한국어가 그 뜻이 같을 것을 연결하시오.

1) وَجْهٌ   안녕하세요

2) مَسَاءَ الخَيْرِ   반갑습니다

3) مَرْحَبًا   가슴

4) أَهْلاً وَسَهْلاً   얼굴

5) صَدْرٌ   좋은 저녁

■ 3. 확인문제 – 수능경향 반영

1. 빈칸에 들어갈 말로 알맞은 것은?

A: كَيف كَان الجَوُّ أَمْسِ؟

B:كَانَ الجَوُّ ------- .

① بَارِدٍ   ② بَارِدٌ   ③ لَطِيفٍ

④ حَارًا   ⑤ حَارٌ

<해설> ────────────────────────────────

과거 동사 (كان) 용법 --- (كان)뒤의 서술어는 목적격을 쓴다. 그러므로 답은 ④이다.

A: 어제 날씨가 어떠하였습니까?

B: 날씨가 더웠습니다.

2. 대화의 내용으로 알맞은 것은?

A:أَنَا أَحْمَدٌ. جِنْسِيَّتي اللُّبْنَان. أَسْكُنُ في بَيْرُوتَ وأَنْتَ؟

B:أَنَا مُحَمَّدٌ مِنْ قطر.

① 인사   ② 소개   ③ 부탁

④ 위로   ⑤ 축하

서로를 소개하고 있으므로 정답은 ②이다.

A: 나는 아흐마드입니다. 내 국적은 레바논입니다. 나는 베이루트에 살고 있습니다. 당신은요?

B: 나는 카타르에서 온 무함마드 입니다.

3. 대화의 내용으로 보아 A가 갈 곳은?

A:لَوْ سَمَحْتَ، أَيْنَ مَتْحَفُ مِصْرَ؟

B:لا أَعْرِفُ.

① 학교　　　　　② 시장　　　　　③ 은행

④ 박물관　　　　⑤ 도서관

(أَيْنَ)는 장소를 물어보는 의문사이다. (مَتْحَفُ)는 박물관이므로 답은 ④이다.

A: 실례합니다만, 이집트 박물관이 어디에 있습니까?

B: 잘 모릅니다.

4. 대화의 내용으로 알 수 <u>없는</u> 것은?

A:قَرَأْتُ كِتَابًا عَرَبِيًّا فِي الأُسْبُوعِ الْمَاضِي.

B: مَا إِسْمُهُ؟

A: "أَلْفُ لَيْلَةٍ وَلَيْلَةٌ".

B: هَلْ هَذَا الْكِتَابُ مُمْتِعٌ؟

A: نَعَمْ.

① A는 지난 주에 책을 읽었다.　　② 책은 재미있었다.

③ 책 제목은 천일야화이다.　　　④ A는 아랍 책을 읽었다.

⑤ B도 그 책을 읽었다

B가 그 책을 읽었다는 내용은 없기 때문에 답은 ⑤이다.

A: 나는 지난주에 아랍 책을 읽었어요.

B: 그 책의 이름은 무엇인가요?

A: "천일 야화"입니다.

B: 그 책은 재미 있나요?

A: 네

5. 대화의 장소가 이루어지는 곳은?

A:أَيُّ خِدْمَةٍ؟

B:هَلْ عِنْدَكَ مَكْتَبٌ أَسْوَدُ؟

A: نَعَمْ. مَا رَأْيُكَ في هَذَا؟

① 서점   ② 공원   ③ 극장

④ 시장   ⑤ 집

<해설>

(رَأْيُكَ)-당신(남)의 의견, 검정색 책상을 구입하고자 하고 있으므로 답은 ④이다.

A: 무엇을 도와드릴까요?

B: 검은색 책상 있습니까?

A: 네, 이것은 어떻게 생각하십니까?

연습문제

✧ 다음 아랍어 숫자를 보고 읽어라.

1. ٢ و ١٠   إِثْنَان وَ عَشَرَةٌ

2. ٩ و ٣   ثَلاثَة وَ تِسْعَة

3. ٨ و ٤   ثَمَانِية وَ أَرْبَعَة

4. ٠ و ٥   خَمْسَة وَصِفْرٌ

5. ٧ و ٦   سَبْعَة وَ سِتَّة

1 확인문제

1. 다음 아랍어 단어의 뜻을 쓰시오.

1) صَغِيرٌ	2) صُورَةٌ	3) مُوسِيقَى	4) رَقْمٌ
작은	사진	음악가	번호

5) غُرْفَةٌ	6) الكويت	7) عَطْشَانٌ	8) وَالِدَةٌ
방	쿠웨이트	목이 마르다	딸

2. 다음 한국어를 아랍어로 바꾸세요.

1) 학생	2) 사진	3) 노트	4) 방
طَالِبٌ	صُورَةٌ	دَفْتَرٌ	غُرْفَةٌ

5) 티켓	6) 아버지	7) 오늘	8) 대추
تَذْكِرَةٌ	وَالِدٌ	اليَوْمُ	تَمْرٌ

3. 다음 아랍어와 한국어가 그 뜻이 같을 것을 연결하시오.

1) رَقْمٌ	방
2) اليَوْمُ	딸
3) وَلَدَةٌ	아들
4) وَلَدٌ	오늘
5) غُرْفَةٌ	번호

2 확인문제

1. 다음 아랍어 단어의 뜻을 쓰시오.

1) المَنْزِلُ	2) مُدَرِّسٌ	3) كَمْ	4) الصَّيْدَلِيَةُ
집	남교사	얼마	약국

5) الدَّوَاءُ   6) مَصْنَعٌ   7) الْمُسْتَشْفَى   8) الْمَدْرَسَةُ

약   공장   병원   고등학교

2. 다음 한국어를 아랍어로 바꾸세요.

1) 날씨   2) 집   3) 가을   4) 그 이유는

الجوُّ   الْمَنْزِلُ   الْخَرِيفُ   لِأَنَّ

5) 고등학교   6) 공장   7) 약국   8) ~앞에

الْمَدْرَسَةُ   مَصْنَعٌ   الصَّيْدَلِيَّةُ   أَمَامَ

3. 다음 아랍어와 한국어가 그 뜻이 같을 것을 연결하시오.

1)	الرَّبِيعُ	병원
2)	الْمُسْتَشْفَى	약국
3)	الصَّيْدَلِيَّةُ	집
4)	الْمَدْرَسَةُ	봄
5)	الْمَنْزِلُ	고등학교

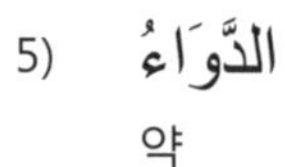
3 확인문제

1. 다음 아랍어 단어의 뜻을 쓰시오.

1) حِذَاءٌ   2) كُرَةٌ   3) صَدِيقٌ   4) كَبِيرٌ

구두   공   친구   큰

5) مَعْقُولٌ   6) الْقَهْوَةُ   7) مَحَلٌّ   8) الْآنَ

적당하다   커피   가게   지금

2. 다음 한국어를 아랍어로 바꾸세요.

1) 지금   2) 집   3) 피곤한   4) 친구

الْآنْ   الْبَيْتُ   تَعْبَانٌ   صَدِيقٌ

5) 당연히   6) 큰   7) 가게   8) 영화관

طَبْعًا   كَبِيرٌ   مَحَلٌّ   السَّيْنَمَا

3. 다음 아랍어와 한국어가 그 뜻이 같을 것을 연결하시오.

1)	أَخُوهَا	그의 아버지
2)	أُخْتُكَ	당신(여)의 어머니
3)	أُمُّكِ	그녀의 형제
4)	جَدِّي	나의 할아버지
5)	أَبُوهُ	당신(남)의 누이

4 확인문제

1. 다음 아랍어 단어의 뜻을 쓰시오.

1) لِقَاءٌ	2) إِسْمٌ	3) الشَّرِكَة	4) مِثْلَ
만남	이름	회사	예를 들어

5) مَرْكَزٌ	6) المَتْحَفُ	7) العُطْلَة	8) مَعَ
센터	박물관	방학	~와 함께

2. 다음 아랍어와 한국어가 그 뜻이 같을 것을 연결하시오.

1)	كُرْسِيٌّ أَحْمَرُ	검은 책
2)	كِتَابٌ أَسْوَدُ	파란 연필
3)	حِذَاءٌ أَبْيَضُ	흰 신발
4)	قَلَمٌ أَزْرَقُ	노란 셔츠
5)	قَمِيصٌ أَصْفَرُ	빨간 의자

5 확인문제

1. 다음 아랍어 단어의 뜻을 쓰시오.

1) شَارِعٌ
거리

2) جَرِيدَةٌ
신문

3) رِسَالَةٌ
편지

4) لٰكِنْ
하지만

5) إِمْتِحَانٌ
시험

6) أُغْنِيَةٌ
노래

7) المَحَطَّةُ
정거장

8) الشِّتَاءُ
겨울

2. 다음 한국어를 아랍어로 바꾸세요.

1) 그의 신문
جَرِيدَتِي

2) 나의 편지
رِسَالَتِي

3) 나는 그녀를 부르다
أَدْعُوهَا

5) 그녀의 편지
رِسَالَهَا

6) 너(여)의 신문
جَرِيدَكِ

7) 그는 나를 부르다
يَدْعُونِي

3. 다음 아랍어와 한국어가 그 뜻이 같을 것을 연결하시오.

1) يَدْعُونِي   나는 너(여)를 부른다
2) تَدْعُونِي   그녀의 노래
3) أَدْعُوكِ   나의 노래
4) أُغَنِيَتَهَا   그녀는 나를 부른다
5) أُغَنِيَتِي   그는 나를 부른다

6 확인문제

1. 다음 아랍어 단어의 뜻을 쓰시오.

1) عُنْوَانٌ
주소

2) وَصَلَ
도착했다

3) القَادِمُ
다음의

4) أُسْرَتِي
나의 가족

8) شَاهَدْتِ	7) أَعْجَبَنِي	6) بَعْدَ غَدٍ	5) غَادَرَ
그녀가 보았다	내가 마음에 들었다	모레	그가 떠났다

2. 다음 아랍어와 한국어가 그 뜻이 같을 것을 연결하시오.

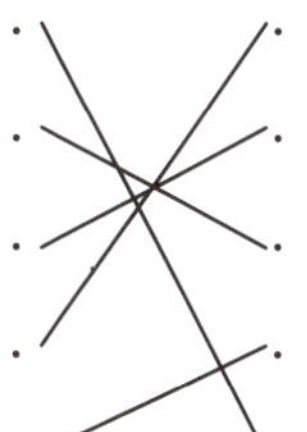

1) مَسَاءَ أَمْس	다음 주
2) مَسَاءَ الغَدِ	지난 일요일
3) يَوْمُ الأَحَدِ المَاضِي	내일 저녁
4) فِي الأَسْبُوع القادِم	지난 토요일 저녁
5) مَسَاءَ السَّبْتِ المَاضِي	어제 저녁

7 확인문제

1. 다음 아랍어 단어의 뜻을 쓰시오.

1) المَدِينَة	2) مَلَبِسٌ	3) طَعَامٌ	4) الرَّأْسُ
도시	옷	음식	머리

5) مَشْهُورٌ	6) المَسْجِدُ	7) الرَّجُلُ	8) عَرَبِيٌّ
유명한	사원	남자	아랍인

2. 다음 한국어를 아랍어로 바꾸세요.

1) 야채	2) 고기	3) 생선	4) 과일
خَضَرٌ	لَحْمٌ	سَمَكٌ	فَاكِهَةٌ

5) 밥	6) 물	7) 음식	8) 주스
أُرْزٌ	مَاءٌ	طَعَامٌ	عَصِيرٌ

3. 다음 아랍어와 한국어가 그 뜻이 같을 것을 연결하시오.

1)	يَطْبُخُ	우리는 요리하다
2)	نَطْبُخُ	그는 요리하다
3)	تَطْبُخُهُ	나는 요리하다
4)	تَطْبُخُ	그녀는 요리하다
5)	أَطْبُخُ	당신(남)은 그것을 요리하다

■ 5. 확인문제 – 수능경향 반영

1. 빈칸에 들어갈 말로 알맞은 것은?

A: كَيف الجَوُّ في الخَرِيفِ؟

B: الجَوُّ ------- .

① بَارِدًا　　② بَارِدٌ　　③ لَطِيفٌ

④ حَارًا　　⑤ حَارٌ

답 ③

A: 가을 날씨가 어떻습니까?

B: 날씨가 청명합니다.

2. 글의 내용으로 보아 알 수 <u>없는</u> 것은?

مَرْحَبًا. إِسْمي سَعِيدٌ. أَنَا مُهَنْدِسٌ في الشَّرِكَةِ. أَنَا أَسْكُنُ في مِصْرَ. فيها تَسْكُنُ أُسْرَتي- أَبي ، أُمِّي ، أُخْتي أَيْضًا.

① 나이　　② 이름　　③ 국가
④ 직업　　⑤ 가족관계

내용을 통해 알 수 없는 것은 그의 나이이다.

안녕하세요. 나의 이름은 싸이드 입니다. 나는 회사의 엔지니어 입니다. 나는 이집트에 살고 있습니다. 그곳에서 나는 내 가족들(내 아버지, 내 어머니, 그리고 내 여동생)과 함께 살고 있습니다.

3. 대화의 내용으로 보아 A가 갈 곳은?

A:أَيْنَ أَشْتَرِي الدَّوَاءَ؟

B:الصَّيْدَلِيَّةِ أَمَامَ المُسْتَشْفى.

① 병원　　　　② 약국　　　　③ 은행
④ 집　　　　　⑤ 박물관

A는 약을 사고자 하므로 답은 ②이다.
A: 어디서 제가 그 약을 살까요?
B: 그 병원 앞에 있는 약국입니다.

4. 대화의 내용으로 알 수 있는 것은?

A:هَيَّا نَذْهَبُ إِلى شَاطِئِ البَحْرِ أَليَوْمَ.

B: لِمَاذَا؟

A: لِأَنَّنِي أُرِيدُ أَنْ أَسْبَحَ في البَحْرِ.

B: أَسِفُ. عِنْدِي مَوْعِدٌ أخَر.

① B는 다른 약속이 있다.　　　　② B는 수영을 싫어한다.
③ A 와 B는 바닷가에 가고 싶어한다.　④ A는 수영을 싫어한다.
⑤ A는 다른 약속이 있다.

A는 바닷가에 가고 싶지만 B는 다른 약속이 있다고 말하고 있다. 그러므로 답은 ① 이다.
A: 오늘 우리 함께 바닷가에 가자.

B: 왜?

A: 그 이유는 내가 바다에서 수영하는 것을 원하기 때문이야.

B: 미안해, 나는 다른 약속이 있어.

5. 다음 대화에서 B가 현재 가야 될 장소는?

A:لَوْ سَمَحْتَ، كَيْفَ أَذْهَبُ إلى مَكْتَبِ البَرِيدِ؟

B: إرْكَبِ المِتْرُو وَإِنْزِلْ في مَحَطَّةِ الجَامِعَةِ.

① 기차역　　　② 지하철　　　③ 공원

④ 시장　　　⑤ 병원

<해설>

우체국에 가고가 하는 A에게 B는 우선 지하철을 타라고 말하고 있다. 그러므로 답은 ② 이다.

A: 실례합니다, 제가 어떻게 우체국에 갑니까?

B: 지하철을 타세요, 그리고 그 대학 버스 정류소에 내리세요.

연습문제

✧　다음 아랍어 숫자를 보고 읽어라.

1.	١٩و١٧	تِسْعَة عَشَرَ وَ سَبْعَة عَشَرَ
2.	١٦و١٨	ثَمَانِيَة عَشَرَ وَ سِتَّة عَشَرَ
3.	١١و١٤	أَحَدَعَشَرَ وَ أَرْبَعَة عَشَرَ
4.	١٢و١٥	إِثْنَا عَشَرَ وَ خَمْسَة عَشَرَ

연습문제

✧　다음 아랍어 숫자를 보고 읽어라.

1.	٢٠	عِشْرُونَ
2.	٩٠وَ٣٠	ثَلاثُونَ وَ تِسْعُونَ
3.	٨٠ وَ٤٠	ثَمَانُونَ وَ أَرْبَعُونَ
4.	٥٠	خَمِسُونَ
5.	٧٠ وَ٦٠	سَبْعُونَ وَ سِتُّونَ

✧ 다음 아랍어 숫자를 보고 읽어라.

1.	٦٠٠	سِتَّمائَةٍ
2.	٣٠٠	ثَلاثُمائَةٍ
3.	٤٠٠	أَرْبَعُمائَةٍ
4.	٥٠٠	خَمْسُمائَةٍ
5.	١٠٠٠	أَلفٌ

 어휘 학습 chapter 3

1 확인문제

1. 다음 아랍어 단어의 뜻을 쓰시오.

1) عَيْنٌ	2) وَاسِعٌ	3) قَصِيرٌ	4) الشُّبَّاكُ
눈	넓은	짧은	창문

5) سَهْلٌ	6) صَدْرٌ	7) صَعْبٌ	8) مَلعَبٌ
쉬운	가슴	어려운	운동장

2. 다음 한국어를 아랍어로 바꾸세요.

1) 산	2) 강	3) 바다	4) 해
جَبَلٌ	نَهْرٌ	بَحْرٌ	شَمْسٌ

5) 달	6) 하늘	7) 땅	8) 구름
قَمَرٌ	سَمَاءٌ	الأَرْضُ	غَيْمٌ

3. 다음 아랍어와 한국어가 그 뜻이 같을 것을 연결하시오.

1)	صَعْبٌ		어려운
2)	طَوِيلٌ		쉬운
3)	سَهْلٌ		넓은
4)	قَصِيرٌ		짧은
5)	وَاسِعٌ		긴

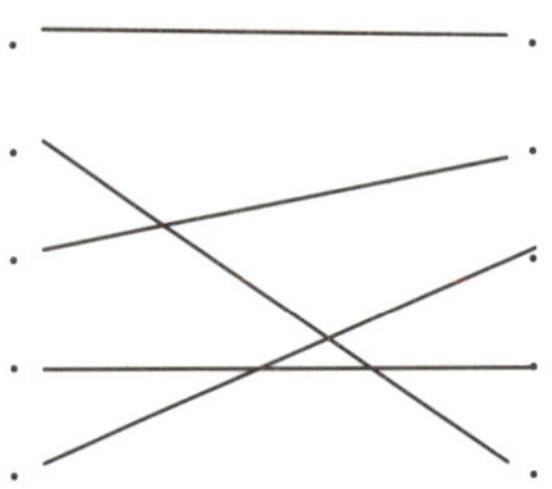

2 확인문제

1. 다음 아랍어 단어의 뜻을 쓰시오.

1) الفَاكِهَة	2) المَكْتَبَة	3) الجَامِعَة	4) دَفْتَرٌ
과일	도서관	대학	노트

5) التَّاريخُ	6) صُورَةٌ	7) قِسْمٌ	8) مُدَرِّسَةٌ
역사	사진	학과	여선생님

2. 다음 한국어를 아랍어로 바꾸세요.

1) 장미	2) 정거장	3) 야채	4) 오후
وَرْدَةٌ	مَحَطَّةٌ	خُضَرٌ	بَعْدَ الظُّهْر

5) 오전	6) 역사	7) 과일	8) 나라
قَبْلَ الظُّهْر	التَّاريخُ	الفَاكِهَة	بَلَدٌ

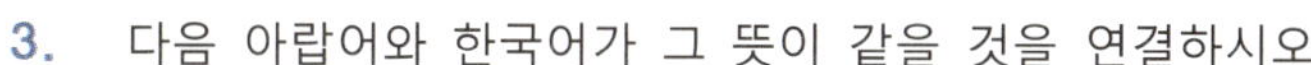

3. 다음 아랍어와 한국어가 그 뜻이 같을 것을 연결하시오.

1) لَمْ تَذْهَبِي   나는 안 갈 것이다

2) لَنْ يَذْهَبَ   그녀는 가지 않았다

3) لَمْ تَذْهَبْ   나는 안 간다

4) لَا أَذْهَبُ   그는 안 갈 것이다

5) لَنْ أَذْهَبَ   너(여)는 가지 않았다

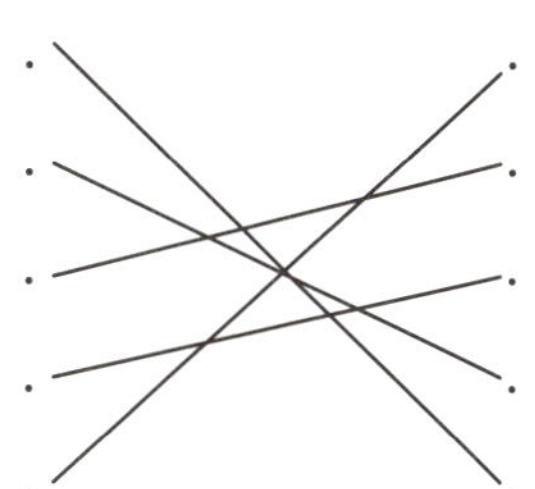

1. 다음 아랍어 단어의 뜻을 쓰시오.

1) جَدِيدٌ
새로운

2) الْمُوَظَّفُ
직원

3) قَلِيلًا
조금

4) سَيَّارَةٌ
자동차

5) شُكْرًا
감사합니다

6) الْمُسْتَشْفَى
병원

7) بَيْتٌ
집

8) الْأَمَامُ
앞

2. 다음 한국어를 아랍어로 바꾸세요.

1) 날씨
الْجَوّ

2) 약국
صَيْدَلِيَّةٌ

3) 의사
طَبِيبٌ

4) 감기
بَرْدٌ

5) 병원
الْمُسْتَشْفَى

6) 집
بَيْتٌ

7) 자동차
سَيَّارَةٌ

8) 새로운
جَدِيدٌ

3. 다음 아랍어와 한국어가 그 뜻이 같을 것을 연결하시오.

1) صَبَاحَ الْخَيْرِ   부탁합니다

2) مَاءٌ مِنْ فَضْلِكَ   ~하세요

3) تَفَضَّلْ   물 주세요

4) شُكْرًا   감사합니다

5) مِنْ فَضْلِكَ   좋은 아침(인사)

1. 다음 아랍어 단어의 뜻을 쓰시오.

1) مَعْرِضٌ	2) جَمَلٌ	3) أَيْضًا	4) العِرَاق
전시회	낙타	역시, 또한	이라크

5) طَمَامٌ	6) رِسَالة	7) بُرْتُقَالٌ	8) طَبْعًا
음식	편지	오렌지	당연히

2. 다음 아랍어와 한국어가 그 뜻이 같을 것을 연결하시오.

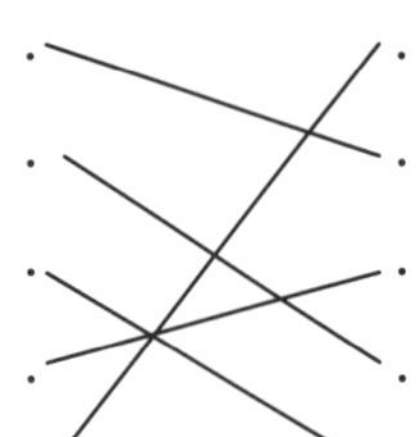

1) هَلْ تَرْكَبِينَ جَمَلاً؟	너(여)는 편지를 씁니까?
2) هَلْ تَشْتَرِينَ حَقِيبَةً؟	너(여)는 낙타를 탑니까?
3) هَلْ تَطْبُخِينَ طَعَامًا؟	너(여)는 오렌지를 씻습니까?
4) هَلْ تَغْسِلِينَ بُرْتُقَالاً؟	너(여)는 가방을 삽니까?
5) هَلْ تَكْتُبِينَ رِسَالَةً؟	너(여)는 음식을 요리합니까?

1. 다음 아랍어 단어의 뜻을 쓰시오.

1) فِكْرَةٌ	2) خِدْمَةٌ	3) دَجَاجٌ	4) غدًا
생각	서비스	닭	내일

5) جَمِيلَة	6) البَحْرُ	7) سَمَكٌ	8) عَطْشَانٌ
아름다운	바다	생선	목이 마른

1. 다음 아랍어와 한국어가 그 뜻이 같을 것을 연결하시오.

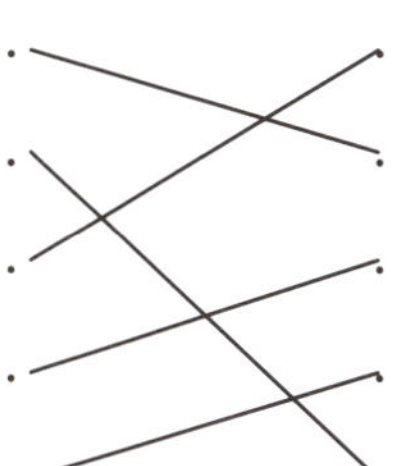

1)	مَاذا تُرِيدُ؟	안녕하세요
2)	مَنْ أَنْتَ؟	무엇을 원하십니까?
3)	مَرْحَبًا	가격이 적당합니다.
4)	السِّعْرُ مَعْقُولٌ	이것은 얼마 입니까?
5)	بِكَمْ هَذَا؟	당신은 누구 십니까?

1. 다음 아랍어 단어의 뜻을 쓰시오.

1) كُرَةٌ	2) قَدَمٌ	3) نِصْفُ	4) شُكْرًا
공	발	반, 1/2	감사합니다.

5) جَيِّدًا	6) أَلْعَبُ	7) بَعْدَ	8) نَهَارٌ
좋게	내가 놀다	~이후에	낮

2. 다음 아랍어와 한국어가 그 뜻이 같을 것을 연결하시오.

1)	نِصْفُ	나는 좋아하지 않는다
2)	كُرَةُ القَدَم	나는 먹지 않는다
3)	الشَّهْرُ	달, 월
4)	لا تَأْكُلُ	축구
5)	لا أُحِبُّ	1/2, 30분

1. 다음 아랍어 단어의 뜻을 쓰시오.

1) كَثِيرَةٌ 많은	2) مَشْهُورَةٌ 유명한	3) سُورِيَا 시리아	4) الأَهْرَامُ 피라미드
5) العَرَبِيُّ 아랍의	6) آثَارٌ 유적(복수)	7) مِصْرُ 이집트	8) العَالَمُ 세계

2. 다음 유적들이 있는 나라를 연결하시오. (아랍어 –아랍어)

1)	البَتْرَاءُ		مِصْرُ
2)	تَدْمُرُ		الأُرْدُنُّ
3)	الأَهْرَامُ		سُورِيَا

■ 7. 확인문제 – 수능경향 반영

1. 빈칸에 들어갈 말로 알맞은 것은?

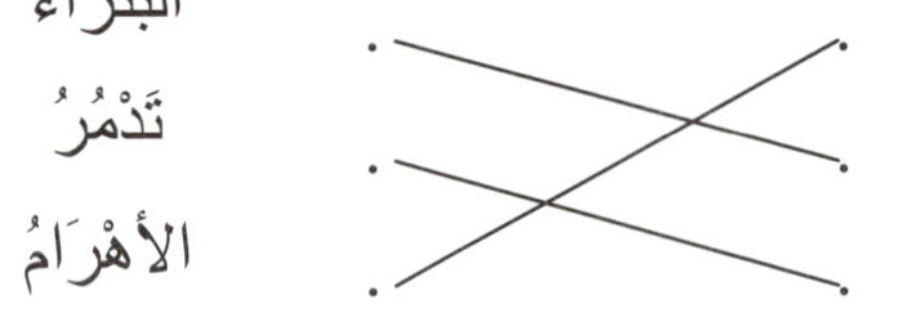

A: هَلْ سَتَذْهَبُ إِلَى حَدِيقَةِ الحَيَوَان؟

B:لا، _____ أَذْهَبَ إِلَيْهَا.

① لَيْسَ	② لَمْ	③ لَنْ
④ سَيفَ	⑤ سَتَذْهَبُ	

<해설>

미래시제 부정은   접속법 +(لَنْ)   이므로 답은 ③ 이다.

A: 당신(남)은 동물원에 가실 것입니까?

B: 아니요, 저는 그곳에 가지 않을 것입니다.

<시제 별 부정문 정리>

현재시제부정	현재미완료동사 + لا	لا أَذْهَبُ	나는 안 간다
과거시제부정	단축법 + لَمْ	لَمْ أَذْهَبْ	나는 안 갔다
미래시제부정	접속법 + لَنْ	لَنْ أَذْهَبَ	나는 안 갈 것이다

2. 빈칸 (A), (B) 에 들어갈 말로 알맞은 것은? (a-b)

.____(b)____ الطَّالِبِ __(a)__ لَيْسَ

① جَدِيدًا – كِتَابًا   ② جَدِيدٌ – كِتَابٌ   ③ جَدِيدَةً – كَاتِبَةٌ

④ جَدِيدًا – كِتَابُ   ⑤ جَدِيدَةً – كَاتِبَةُ

<해설>

(لَيْسَ)의 뒤 서술어는 목적격 사용하고, 주어는 주격을 사용한다.

그 학생의 책 (كِتَابُ الطَّالِبِ)은 연결 형이므로 답은 ④ 이다.

그 학생의 책은 새것이 아니다.

3. 대화의 내용으로 보아 B가 갈 곳은?

A: أَنَا عَطْشَانٌ. أُرِيدُ أَنْ أَشْرَبَ قَهْوَةً.

B: هَيَّا نَذْهَبْ الى مَكَانِ القَهْوَةِ.

① 극장   ② 교회   ③ 우체국
④ 커피숍   ⑤ 대학교

<해설>

A가 커피를 마시고 싶다고 했고 B가 커피숍에 가자고 했으므로 답은 ④ 이다.

A: 나는 목이 마르다. 나는 커피를 마시고 싶다.

B: 함께 커피숍에 가자

4. 대화의 내용으로 알 수 <u>없는</u> 것은?

A: مِنْ أَيْنَ أَنْتَ؟

B: أَنَا مِنْ كُورِيَا. وَ أَنْتَ؟

A: لَسْتُ كُورِيًّ. أَنَا مُوَظَّفٌ في الشَّرِكَةِ اليَابَانية.

B: هَلْ أُسرتُكَ في اليَابَانِ؟

A: نَعَمْ.

B: كَيْفَ الجَوُّ فِي الصَّينِ اليَوَمَ ؟

A: الجَوُّ حارٌّ جِدًّا اليَوَمَ.

B: هَلْ سَتَذْهَبُ مَعي الى شاطئ البَحْرِ؟

A: حَسَنًا. هِوَيَتي سَبَاحٌ.

① A는 한국인이 아니다   ② 오늘 날씨가 덥다
③ B는 중국인이다.   ④ A는 일본에 있는 회사 직원이다.
⑤ A의 취미는 수영이다.

<해설>

A는 한국인, B는 일본인이므로 답은 ③ 이다.

A: 당신(남)은 어느 나라에서 오셨습니까?

B: 저는 한국에서 왔습니다. 그리고 당신(남)은요?

A: 저는 한국 사람이 아닙니다. 저는 일본 회사의 직원입니다.

B: 당신의 가족이 일본에 있습니까?

A: 네.

B: 오늘 중국 날씨가 어떤가요?

A: 오늘 날씨가 매우 덥습니다.

B: 당신은 나와 함께 바닷가에 가지 않겠습니까?

A: 좋습니다. 제 취미는 수영입니다.

5. 대화의 장소가 이루어지는 곳은?

A: أَيُّ خِدْمَةٍ؟

B: مِنْ فَضْلِكَ، مَاذَا عِنْدَكُمْ اليومَ؟

A: عِندَنَا سَمَكٌ مشويٌّ ,أَرْزٌ.

① بَنْكٌ　　② مَطْعَمٌ　　③ مَصْنَعٌ

④ مَطَارٌ　　⑤ جَامِعَةٌ

<해설>

답은 ②이다.

A: 무엇을 도와드릴까요?

B: 실례합니다만, 오늘의 요리가 무엇입니까?

A: 저희는 구운 생선과 쌀밥을 마련하고 있습니다.

① 은행 ② 식당 ③ 공장 ④ 공항 ⑤ 대학교

■ 유형별 수능 출제 분석 ① 시간편

연습문제

1. 대화 내용을 보아 B가 시장에 가는 시각은?

A: مَتَى سَتَذْهَبُ إِلَى السُّوقِ؟

B: سَأَذْهَبُ إِلَى السُّوقِ في السَّاعَةِ الخَامِسَةِ.

① 　② 　③ 

④ 　⑤ 

<해설>

답은 ③ 이다.

A: 언제 당신(남)은 시장에 갈 것입니까?

B: 저는 그 시장에 5시에 가겠습니다.

2. 대화 내용을 보아 B가 고등학교에 도착했던 시각은?

A: في أَيُّ السَّاعَةِ وَصَلْتَ إلى المَدْرَسَةِ أمْس؟

B: وَصَلْتُ إِلَيْهَا في السَّاعَةُ الثَّامِنَة.

①  ②  ③ 

④  ⑤ 

<해설>

답은 ② 이다.

A: 지금 시각은 7시다. 당신(남)은 언제 사무실에 갈 것입니까?

B: 저는 한 시간 뒤에 가겠습니다.

■ **예문 연습** -- 빈칸에 답을 쓰세요.

1. 나는 아침 8시 30분에 그 고등학교에 갑니다.

أَذْهَبُ إلى المَدْرَسَةِ في < السَّاعَةُ الثَّامِنَةُ وَ النِصفُ > صَبَاحًا.

2. 너(여)는 오후 6시 15분에 집으로 돌아옵니까?

هَلْ تَرْجِعِينَ إلى البيتِ في < السَّاعَةُ السَّادِسَةُ وَ الرُّبْعُ> بَعْدَ الظُّهْرِ؟

3. 너(남)은 아침 11시 10분에 그 은행에 갔습니까?

هَلْ تَذْهَبُ إلى البَنْكِ في < السَّاعَةُ الحَادِيَةُ عَشْرَةً وَ عَشَرَ دَقَائِقَ > صَبَاحًا؟

4. 수미(여)는 저녁 10시 5분에 잠을 잡니까?

هَلْ تَنَوْمُ سُومِي في < السَّاعَةُ العَاشِرَةُ وَ خَمْسُ دَقَائِقَ > مَسَاءًا؟

5. 칼리드는 저녁 7시 10분에 저녁을 먹습니까?

هَلْ تَأْكُلُ خَالِدٌ في العَشاءَ في < السَّاعَةُ السَّابِعَةُ وَ عَشَرَ دَقَائِقَ > مَساءًا؟

6. 나는 아침 6시 20분에 잠에서 깨어 납니다.

أَقُومُ مِنَ النَّومِ في< السَّاعَةُ السَّادِسَةُ وَالثُّلْثُ > صَبَاحًا.

1. 대화 내용을 보아 B가 사무실에 도착했던 시각은?

A: في أَيُّ السَّاعَةِ وَصَلْتَ إلى المَكْتَبِ أَمْسِ؟

B:وَصَلْتُ إلَيْهَا في السَّاعَةُ الثَّامِنَة والنَّصْفِ .

<해설>

답은 ① 이다.

A: 당신(남)은 어제 몇 시에 그 사무실에 도착했습니까?

B: 저는 8시 반에 도착했습니다.

2. 대화 내용을 보아 버스가 서울에 도착할 시각은?

A: سَيَصِلُ هَذَا الأُوتوبيس ألى سيول بَعدَ نِصفِ سَاعَةٍ.

B:حَسَنًا. السَّاعَةُ الآن الرابِعَةُ الأُ ثُلْثًا.

답은 ③ 이다.

A: 이 버스는 서울에 30분 뒤에 도착합니다.

B: 좋습니다. 지금 현재 시각은 4시 20분 전 입니다.

 유형별 수능 출제 분석 ② 가격편

연습문제

1. 대화의 내용으로 알 수 <u>없는</u> 것은?

A: هَلْ عِنْدَكَ الكِتَابُ عَنْ تَارِيخِ كُورِيَا ؟

B: نَعَمْ. عِنْدِي كَثِيرٌ مِنْ الكُتُبِ عَنْ تَارِيخِ كُورِيَا. مَا رَأْيُكَ في الكِتَابِ ؟

A: حَسَنًا. بِكَمْ هَذَا؟

B: بِعْشْرين دَنَانير.

① A는 한국 역사책을 원한다.   ② B는 A에게 책 가격을 알려준다.

③ A가 원하는 책의 가격은 10 디나르 이다.

④ A는 원하는 책의 가격은 20 디나르 이다.

⑤ B는 많은 수의 한국 역사책을 가지고 있다.

답은 ③ 이다.

A: 당시(남)은 한국 역사에 관한 책을 가지고 있습니까?

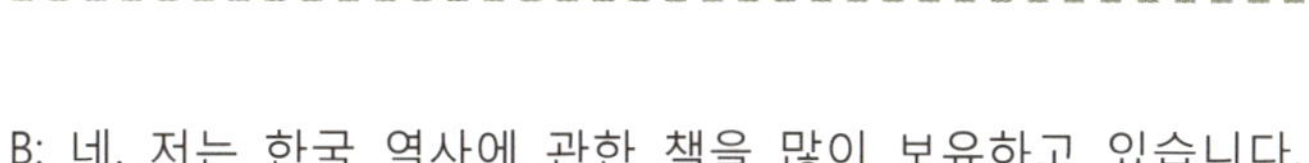

B: 네. 저는 한국 역사에 관한 책을 많이 보유하고 있습니다.
  이 책은 어떠하신지요?
A: 좋습니다. 가격이 얼마입니까?
B: 20 디나르 입니다.

2. 빈칸에 들어갈 말로 알맞은 것은?

A: بِكَمْ هَذِهِ الحَقِيبَةِ؟

B: هِيَ بِثَلاثَمِائَةِ دولار.

A: السِّعْرُ ______. أُريدُ التَّخْفِيضَ.

B: آسِفٌ. السِّعْرُ هُنَا ثَابِتٌ.

① طَيِّبٌ   ② غالٍ   ③ رَخِيصٌ

④ طَويلٌ   ⑤ جَميلٌ

<해설> --

(التَّخْفِيضَ) 할인 (ثَابِتٌ) 정가(고정된) 답은 ② 이다.

A: 이 가방은 얼마입니까?
B: 이것은 300 디나르 입니다.
A: 가격이 <u>비쌉니다</u>. 저는 할인을 원합니다.
B: 죄송합니다. 여기 가격은 정가입니다.
① 좋습니다. ② 비쌉니다. ③ 저렴합니다 ④ 길이가 깁니다 ⑤ 멋집니다.

■ 유형별 수능 출제 분석 ③ 인사편

연습문제 --

1. 빈칸에 들어갈 말로 알맞은 것은?

A:أَهْلا وَسَهْلا.

B:__________

③ صَبَاحَ النُّورِ. ② مَعَ السَّلامَةِ. ① إلىَ اللقَاءِ.

⑤ وَعَلَيْكُمُ السَّلامُ. ④ أهْلا بِكَ.

답은 ④

A: 반갑습니다. 또는 어서오세요.

B: 반갑습니다. (대답)

① 다음에 만나요. ② 안녕히 가세요. ③ 좋은 아침입니다.(대답)

④ 반갑습니다.(대답) ⑤ 안녕하세요.(대답)

2. 다음 인사말 중 연결된 것이 <u>틀린</u> 것은?

① فُرْصَةٌ سَعِيدَةٌ – فُرْصَةٌ سَعِيدَةٌ

② مَسَاءَ الخَيرِ ـ مَسَاءَ الخَيرِ

③ مَرْحَبًا. ـ مَرْحَبًا.

④ وَعَلَيْكُمُ السَّلامُ.ـ السَّلامُ عَلَيْكُمْ.

⑤ إلىَ اللقَاءِ.ـ إلىَ اللقَاءِ.

답은 ② مَسَاءَ النُّورِ ـ مَسَاءَ الخَيرِ

3. 다음 한국어를 아랍어로 바꾸세요.

1) 만나서 반갑습니다.   فُرْصَةٌ سَعِيدَةٌ

2) 감사합니다.   شُكْرًا.

3) 천만에요.   عَفْوًا.

4) 좋은 저녁입니다.   مَسَاءَ الخَيرِ.

5) 좋은 아침입니다.　　　　　　　　　صَبَاحَ الخَيرِ.
6) 어서 오세요.　　　　　　　　　أَهْلا وَسَهْلا.

Memo

Memo

Memo